法王フランシスコの「核なき世界」

記者の心に刺さったメッセージ

共同通信社記者
津村一史

dZERO

はじめに

「十一月に日本へ行きます。心の準備をしておいてください」

目の前のローマ法王フランシスコは、いたずらっぽく笑うと私の手を握りイタリア語で語りかけてきた。外遊先のパナマへと向かう法王特別機の中には七十人ほどの同行記者が乗り込んでいたが、日本人は私一人だけだった。頭が真っ白になった。法王が機内前方、カーテンの向こう側に戻っていった後も、周りの記者たちが騒ぎ続けている。「今、お前に日本に行くって言わなかったか」「こいつが重要ニュースを引き出したぞ」。飛行音がうるさく、考えがまとまらない。三十八年ぶり、歴史上二度目となる法王訪日の意志が公にされたことの意義深さを、私はまだよく理解していなかった。

二〇一九年一月二十三日早朝、ローマにあるレオナルド・ダ・ビンチ空港の搭乗口付近で、私は一人寂しく、飛行機の出発を待っていた。パナマで開かれるカトリックの祭典

「世界青年の日」に参加する法王に同行するためだ。

毎回、法王外遊取材を行っている欧米メディアのベテラン記者たちは、お互い顔なじみの仲らしく和気藹々《わきあいあい》と談笑している。輪に入ろうと何人ものカメラマンや記者に挨拶《あいさつ》するも、なかなか会話が続かない。転校生初日のような気分を思い出しながら、私は諦《あきら》めて、みんなから少し離れた椅子に腰を下ろした。

法王外遊同行記者団に初めて私が加わることに決めたのは、就任以来、日本行きを熱望してきた法王が、ついに被爆地を含む日本訪問を決心したとの情報があったからだ。法王と同じ飛行機で移動するため、直接言葉を交わすチャンスがあるかもしれないと思った。

離陸し、しばらくすると早くもその機会は巡《めぐ》ってきた。

バチカン報道官が説明するところによると、法王がまもなく、記者団の前に姿を見せ、一人一人と挨拶をするという。私は慌ててイタリア語での自己紹介を頭の中でおさらいし、日本に行くつもりはあるのかと質問することにした。

アリタリア航空の特別機内で、われわれ記者団が詰め込まれているのは後方のエコノミー席のエリア。「自由席」となっており、私はよく分からないまま空いていた右側前方の席に座っていた。

ほどなく左側前方のカーテンを開けて法王が現れた。

次々に記者と握手を交わしていく。そのまま後ろへと進み、Uターンすると、今度は右側の通路を前へと歩き出した。テレビカメラや三脚が並び、ごった返す報道陣とバチカンのスタッフとで機内は喧噪《けんそう》に満ちている。順番的にほとんど最後だった私のところまで法王が来るのに、どれぐらいの時間がたっただろうか。直前にパナマのテレビ局の女性記者が、法王に何かをプレゼントしていた。

私の番となった。

緊張からスムーズに言葉が出てこないが、なんとか自分の名前を言って、日本の通信社の記者だと自己紹介した。被爆地の長崎から近い、鹿児島の出身だと言いかけたあたりで、法王から冒頭のセリフが飛び出した。

私が質問するまでもなく、自ら訪日の意向を表明してくれたのだ。

法王が去った後、近くにいた記者が、私がICレコーダーで録音した音声を聞き直し、英語に訳して「確かに日本に行くと言っている」と教えてくれた。

私は急いでパソコンを開き、機内Wi－Fiをつないで短い速報を打った。追って長めの原稿も送る。バチカン公式メディアが法王の私への発言を報じたほか、多くの欧米メディアが私の記事を引用して「法王、十一月に日本行きの意向」と報道した。

さらには同行記者団には加わっていなかったメディアからも問い合わせが殺到したらし

く、バチカンは「訪日は検討段階にある」と初めて公に認める声明を発表した。この中では「別のさまざまな機会にもすでに述べられているように、法王にとって日本に行くことは『大いなる念願』である」とも付け加えられた。

法王フランシスコの出身母体イエズス会の機関誌「チビルタ・カットリカ」編集長で、法王の相談相手でもあるアントニオ・スパダーロ神父は、このときのことをこう振り返る。

「法王庁が正式発表する前に、具体的な訪問計画を一記者に打ち明けるのはきわめて異例なことだ。日本への並々ならぬ思い入れの強さの表れであり、法王にとって特別な訪問になると確信した」

本書で取り上げる事柄については基本的に、二〇一九年十一月二十三日から二十六日にかけて行われた法王フランシスコの日本訪問に関係があることに焦点を絞っている。

訪日の目的に掲げられたのは「すべての命を守るため」だ。

被爆地の長崎と広島から発せられた核兵器廃絶を訴えるメッセージをはじめ、日本滞在中、さまざまな機会に行われた演説のテーマは多岐にわたった。環境、貧困、差別、原発、いじめ――。また死刑制度のように、当初は取り上げられると予測や期待をされたが

日本行きを筆者に告げる法王フランシスコ。外遊先パナマへ向かう法王特別機で（バチカン提供）

まったく触れられなかったテーマもある。

四日間で行われたのは法王庁の分類によれば、特定の関係者に向けられる「演説」五回、世界と教会に対して発する「メッセージ」二回、短い「挨拶」一回、ミサでの「説教」二回の計十回だ。うち二回の「メッセージ」は長崎と広島で読み上げられた。十三億人超の信者を抱えるキリスト教カトリックのトップが日本で伝えたかったことは何なのか、本書においてできる限り読み解きたい。

同時に、共同通信ローマ支局の特派員である私の「取材者」としての視点も多少なりとも織り込むつもりだ。常駐記者としてバチカンの動きを日頃から注視し、法王訪日の全行程に同行した数少ない日本人記者として見えてきたものもお伝えしたい。

私自身はカトリック教徒ではなく、特定の宗教は持っていない。バチカンの正式な公用語であるラテン語は読めないが、同国で日常的に使われているイタリア語は「勉強中です」とは言える程度だ。またカトリックの総本山バチカンを取材する上での私の視点にどういう影響を及ぼしているかは定かではないが、二〇一二年から一五年までの三年あまりの間に、中東特派員としてシリアやイラク、エジプト、サウジアラビアなどイスラム圏を取材で飛び回っていたことがある。

世界情勢を見渡せば、二〇二〇年の年明け早々に、米軍がイラン革命防衛隊の精鋭「コッズ部隊」を率いるソレイマニ司令官を空爆して殺害し、一気に軍事的緊張が高まった。各国のインターネットのトレンドワードでは「第三次世界大戦」が急浮上し、国連のグテレス事務総長は国際社会の緊迫が「今世紀で最も深刻なレベルにある」と指摘した。

さらに新型コロナウイルスの蔓延《まんえん》で世界は一変した。混迷が深まる中、移動の自由を大原則とするはずの欧州では国境が次々と閉鎖され、身勝手な自国第一主義が再び、はびこり始めている。

平和を切実に希求する法王フランシスコのメッセージは日々、その重要性を増していると感じる。

ローマから日本に向けて出発する飛行機の中で法王は、記者団に向かって「遠く離れた、異なる国の文化を世界に知らせる皆さんの仕事に敬意を表します」と言った。

普段から「橋を架《か》ける」とのキーワードで対話の重要性を訴え、宗教や民族、考え方の違いを乗り越えようとする法王らしい言葉だ。

彼のメッセージを読み解くことで、本書が日本の読者の皆さんと世界との間に架かる「橋」の一つになるならば、筆者としてこれ以上の喜びはない。

目次

法王フランシスコの「核なき世界」

記者の心に刺さったメッセージ

＊本文中の人物名は原則として敬称略で表記しましたが、一部、文意から必要と思われる場合は、肩書呼称とするか敬称を付しました。

＊本文中の肩書や年齢は当時のものです。

第一章　訪日にかける意気込み

「われわれは、ぎりぎりのところにきている」

一枚のカードがある。

表側には、はだしで立つ少年の写真が印刷され、裏面には「戦争がもたらしたもの」との言葉とともにローマ法王フランシスコの署名が入っている。

長崎に原爆が投下された後、米国の従軍カメラマンだった故ジョー・オダネルが撮影した「焼き場に立つ少年」と呼ばれる写真だ。亡くなった赤ん坊を背負った子どもが火葬の順番を待っているところだとされる。

「このような写真は千の言葉よりも多くを語る。だから分かち合いたいと思った」

法王フランシスコは二〇一七年の暮れ、キリスト教カトリックの定める一月一日の「世界平和の日」を前に、このカードを世界中に広めるよう指示した。

カードの写真説明には、

「少年の悲しみはただ、血のにじんだ唇をかみしめるその身ぶりの中にのみ表現されている」

とある。

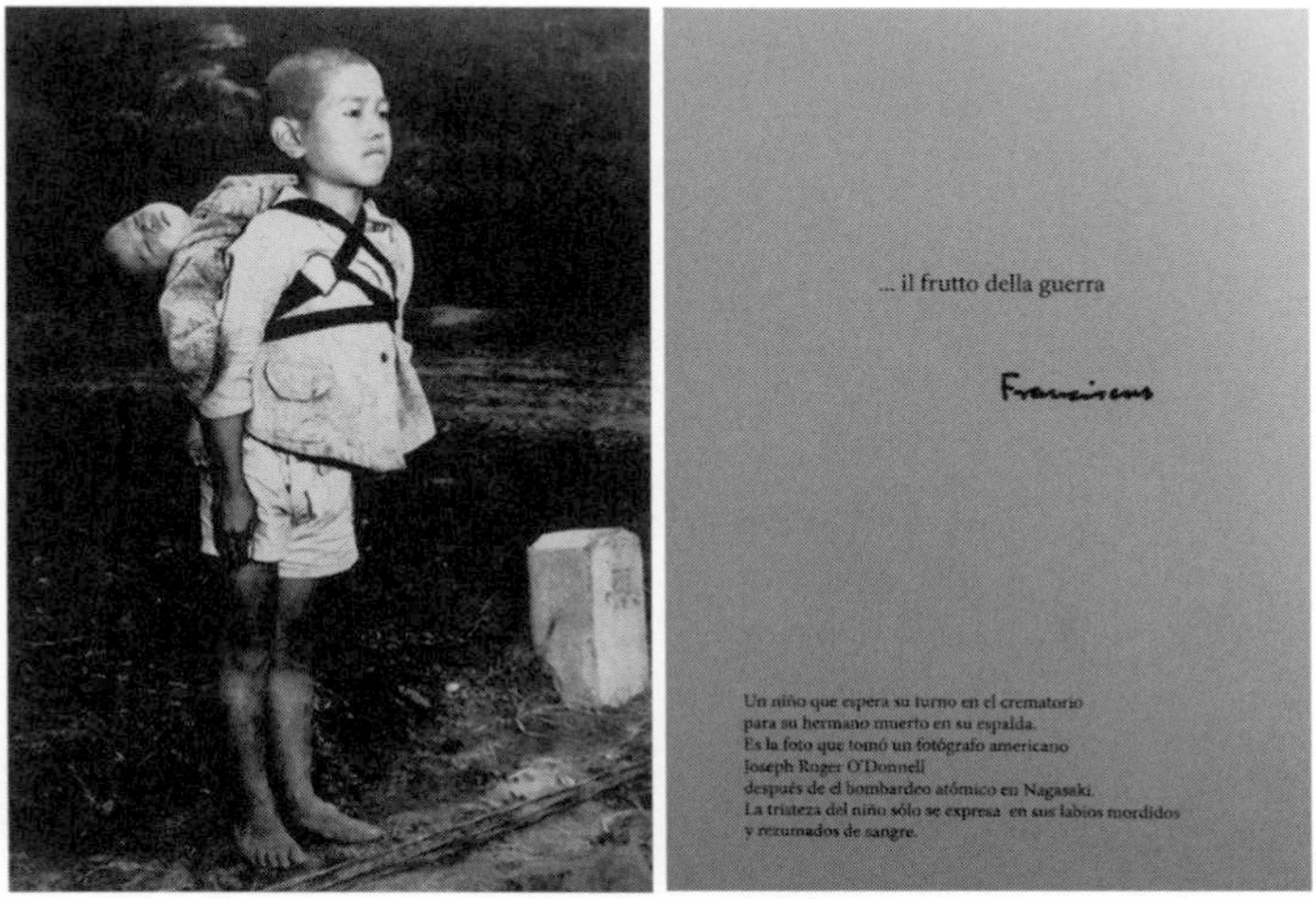

法王フランシスコの指示でバチカンが制作したカード。「焼き場に立つ少年」の写真の裏には、法王のサインも

法王は二〇一八年一月十五日には、外遊先の南米チリに向かう機中で、同行記者団の全員にこのカードを一枚一枚手渡ししている。法王はその際、核戦争に関し「本当に恐ろしい。われわれは、ぎりぎりのところにきている」との言葉も残した。法王フランシスコの被爆地への思いが伝わってくるエピソードだ。

関係者によると、法王の側近の一人はこのカード配布に前後して「今年は日本にとって大きなニュースがあるだろう」と話していた。後から振り返れば、これがむろん、四十年近くぶりとなるローマ法王の訪日計画が明らかになることを意味するのだと分かる。

つまり二〇一九年十一月の実現からさかのぼること約二年前にはすでに、法王が日本を訪問すること、もっと言えば少なくとも被爆地を訪れる方針は固められていた。

この側近が漏らした情報は八か月後、法王フランシスコ本人の発言によって現実のものとなる。

サプライズ発言

「来年、日本を訪れたい。私のこの望みがかなうよう一緒に願いましょう」

バチカンのパウロ六世ホールで二〇一八年九月十二日、ローマ法王フランシスコは宮崎市の一般社団法人「天正遣欧使節顕彰会《てんしょうけんおうしせつけんしょうかい》」の代表らと面会し、そう語りかけた。この発言は事前に用意されていたスピーチ原稿には記載がなく、法王自身がその場で付け足したものだ。

この席で法王は、四百年以上前の一五八五（天正13）年、九州のキリシタン大名に派遣されてローマに到着した四人の少年からなる「天正遣欧少年使節」に思いを馳《は》せ、時の法王グレゴリウス十三世に使節団が謁見《えっけん》したことに言及した。

少年たちの「献身と勇気」をたたえると、法王フランシスコは使節団のメンバーの一人で、二〇〇八年に「福者《ふくしゃ》」（カトリック教会における最高の崇敬対象とされる「聖人」に準ずると認められた者）の位を授けられた中浦《なかうら》ジュリアン（天正遣欧少年使節の副使。帰国後イエズス会司祭として布教にあたるが、キリシタン弾圧のさなか処刑された）の名をとくに挙げ「他の多くの者と同じように長崎の丘で殉教した彼を忘れてはならない」と強調した。

法王フランシスコが日本滞在中の二〇一九年十一月二十四日、中浦ジュリアンが処刑された地であり、宣教師や信徒ら二十六人の殉教者の記念碑がある長崎市の西坂《にしざか》公園を訪問したことを考えると、このとき、法王が被爆地を訪れることを念頭に置いていたことは間違いない。

眼鏡をかけた法王は手元の原稿を読み上げた後、「日本を訪れたい」とサプライズ発言をしてほほえんだ。顕彰会の幹部は驚きつつ、宮崎や長崎、大分各県を訪れてくださいと要望した。法王は笑顔でうなずいた。

史上初の中南米出身

ローマ・カトリック教会の頂点に立つローマ法王フランシスコは、本名をホルヘ・マリオ・ベルゴリオといい、一九三六年十二月十七日にアルゼンチンの首都ブエノスアイレスでイタリア系移民の家庭に生まれた。聖職者として社会活動に尽力したベルゴリオはつねに貧困層に寄り添い、一九九八年にブエノスアイレス大司教となった後も、バスや地下鉄でスラムやエイズ患者の施設、刑務所に頻繁に通い、現場主義を貫いてきた。

一九七六年から八三年までのあいだ、軍事独裁政権下のアルゼンチンでは「反体制派」と見なされた約三万人もの人々が死亡したり行方不明になったりしたとされる。ベルゴリオは信者をかくまい国外に逃がすなどの対応を取るが、軍政下で言論の自由が弾圧される中、多くの仲間や友人が命を落としていったという。

穏健な態度と行動力で尊敬を集めたベルゴリオは、二〇一三年三月に枢機卿《すうききょう》団による

「コンクラーベ」と呼ばれる選挙で第二六六代法王に選ばれた。史上初めて中南米出身者から選ばれた法王である。

彼の日本への思いは筋金入りだ。

ベルゴリオは一九五八年三月十一日、二十一歳のときに、日本にキリスト教を伝えたフランシスコ・ザビエルらが創設したイエズス会に入会した。

若き日に宣教師として日本に赴任することを切望したが、謎の高熱に襲われ、肺の病気を患って手術を受けるなどしたといい、健康面が不安視され派遣は認められなかった。

ベルゴリオの波乱に満ちた半生を事実に基づいて描いた映画「ローマ法王になる日まで」（イタリア映画、二〇一五年公開）の中でも、「日本はわれわれを必要としている」と熱弁を振るって自らの派遣を求める場面が出てくる。

一九七三年に三十五歳の若さで、イエズス会のアルゼンチン管区長に就任したベルゴリオは、自らの果たせなかった思いを託し、何人かの弟子を日本に派遣している。一九八七年にローマのイエズス会本部で開かれた会議に出席した後、弟子たちの様子を見るため日本を訪問したこともある。イエズス会の施設がある東京や長野県の蓼科《たてしな》に計約一週間滞在したそうだ。このとき日本での案内役を買って出たのが当時の東京都内のイエズス会修道院で副院長を務め、後に長崎市の日本二十六聖人記念館館長に就任する修道士アントニオ・ガルシアだった。

訪日に関する記事が掲載された長崎新聞を法王フランシスコに私が見せたときには、法王はうれしそうに「長崎には九十歳になるアントニオ・ガルシアという友達がいます」と話していた。後の章で触れるが、三十年以上の友情が続くことになる日本でのこの二人の出会いが、前述の「焼き場に立つ少年」とも絡み、法王フランシスコの被爆地訪問へとつながることになる。

二〇一三年に就任した後のインタビューでも法王は日本に詳しく言及している。

「すさまじい原爆や空爆で荒廃した日本の人々は、ゼロから出発し自分たちの国を再建した」

このとき、母国アルゼンチンとも比較しながら日本の戦後復興を称賛しただけでなく、昭和天皇が自らの神格性を否定した「人間宣言」にも触れており、彼の知日派ぶりがうかがえる内容となっている。

広島と長崎へ

その日、私はバチカン市国にほど近いローマのイエズス会本部の前で、ある人物を待ち

訪日を伝える長崎新聞の紙面を見る法王（バチカン提供）

構えていた。二〇一八年の暮れも押し迫った十二月十七日のことだ。

底冷えのする中、私が早く姿を見せてくれないかと待っていたのは、日本人で唯一の枢機卿を務める前田万葉《まえだまんよう》である。大阪大司教区の大司教でもある前田は二〇一八年六月に、日本人としては二〇〇七年に死去した浜尾文郎《はまおふみお》以来、史上六人目の枢機卿に就任した。前田は長崎県の五島列島生まれで、母が原爆に遭《あ》った被爆二世という。

枢機卿とは法王に次ぐ高位聖職者で、法王の最高顧問だ。「コンクラーベ」と呼ばれる新しい法王を選ぶ選挙の際に投票権を持つのは八十歳未満の枢機卿に限られ、原則として世界に百二十人いる。カトリック信者が十三億人超であることを考えると、「一千万人以上に一人の選ばれし者」ということになる。久しぶりの日本人枢機卿の誕生にカトリック関係者のあいだでは、法王の日本訪問に向けた布石ではないかと期待が高まっていた。

枢機卿は本来、法王を補佐するのが役割であるためローマに住むのが慣例だったらしいが、実際には元の居住地にとどまる者も多く、前田は枢機卿に就任した後も、大阪大司教区で大司教を務めている。

ただ枢機卿はローマ内で「名義教会」を指定され着座式を執《と》り行うことになっており、前田は二〇一八年十二月十六日にローマの聖プデンツィアナ教会で着座のミサを行った。彼の趣味である俳句が披露されるなどして和《なご》やかな雰囲気で式が終わった後、私は取材を開始した。

「明日、法王とお会いするんですよね」

情報をもとに、ぶしつけな質問をする私に前田は着替えながら丁寧に対応してくれた。確かに翌日午前十一時十五分から法王と面会すると言う。面会後に取材を受けてくれないかと頼み込むと、午後にイエズス会本部での用事が入っているので、そこで待っていてくれと言って了解してくれた。

法王と前田の面会が始まるのが午前十一時十五分ということは、終了するのは昼ごろだろうか。バチカンからイエズス会本部まで徒歩で移動するなら必ずこの道を通るはずだ。私はシミュレーションを繰り返し、早すぎると分かっていたが翌朝の八時から、バチカンの周辺をうろうろしていた。

昼過ぎ、ようやく遠目に、枢機卿の証《あかし》である赤い帽子をかぶった前田が歩いてくるのが見えた。私は取材時間を少しでも稼ごうと思って駆け寄り、並び歩きながら矢継《やつ》ぎ早《ばや》に質問した。

「法王から日本訪問についての発言はありましたか」

「はい。ありました。来年の終わりごろ、行きますと」

「え？　本当ですか。被爆地の広島と長崎にも行くと？」

「そうですね」

「法王から広島と長崎の両被爆地を来年の終わりごろ訪れるとはっきり発言があったんですか」

「そうですね」

「東日本大震災の被災地には行かないんですか」

「日本の滞在日数にもよるし、そのあたりは今後調整するそうです」

「日程次第では東日本大震災の被災地にも行かれるかもしれない？」

「かもしれない」

「被爆地を訪問すると言ったときの法王はどんな様子でしたか」

「とても楽しみにしている様子でした」

建物の中までついていき、私はイエズス会本部の机を借り、急いでパソコンを開いた。あらかじめ用意しておいた原稿の穴あき部分を埋めて短い速報を打ち、追って「法王、来年末にも訪日／八一年以来、広島長崎も／被爆者への祈り期待」と三本の見出しをつけた長めの記事を配信。翌日、多くの新聞社が一面トップなどで大きく掲載してくれた。

法王と前田の面会には、長崎大司教区の大司教、高見三明《たかみみつあき》と東京大司教区の大司教、菊《きく》地功《ちいさお》も同席した。ちょうどこの日、八十二歳の誕生日を迎えた法王は前田らとの面会に先立ち、バチカンで日本人信者ら約三十人とも会った。ケーキをプレゼントされ、満面の笑みで一人一人と握手すると「日本で再び会いましょう」と呼びかけたという。

「法王」と「教皇」

ローマ法王とはそもそも、どういう存在なのか。

キリスト教の最大教派で世界に十三億人超の信者を抱えるローマ・カトリック教会の頂点に立つ指導者であることはすでに述べた。地上でのキリストの代理人と位置付けられており、初代法王はキリスト十二使徒の筆頭ペテロとされる。

カトリックの総本山で、世界最小の独立国であるバチカン市国の元首として立法、行政、司法の全権を行使し、教会の中央最高機関であるローマ法王庁を統治している。

基本的に終身制だが、前法王ベネディクト十六世は二〇一三年二月、八十五歳の高齢を理由に存命中の法王としては約六百年ぶりに退位した。これを受けて翌三月、コンクラーベ（法王選挙）で枢機卿のホルヘ・マリオ・ベルゴリオが選ばれ、第二六六代法王に就任、「フランシスコ」を名乗ることになったというわけだ。

カトリック信者の世界人口に占める割合は約一八パーセントで、法王の影響力は絶大だ。法王フランシスコはツイッターでも、バチカンの公用語であるラテン語のほか、イタリア語やアラビア語、フランス語など計九か国語で情報発信しており、英語版だけでフォロワーの数は一千八百万人を超えている。

日本では「法王」のほかに「教皇」とも呼ばれることが多く、呼称が混在している。「教皇」を採用している日本のカトリック中央協議会のホームページによると、日本のカトリック教会の中でも古くは「法王」と混用されてきたというが、一九八一年二月に故ヨハネ・パウロ二世が来日したのを機に「教皇」に統一した。「教える」という字が、教皇の職務をよく表しているからだそうだ。

一方、駐日バチカン大使館は「ローマ法王庁大使館」との名称を使っている。日本とバチカンが外交関係を樹立した当時の定訳が「法王」だったため、バチカン側が日本政府に申請する際に「法王庁大使館」を使ったという経緯があるらしい。

このため日本政府も「法王」を使ってきたのだが、日本の外務省は法王フランシスコの来日を目前にした二〇一九年十一月二十日、今後は日本政府としては「教皇」の呼称を用いると発表した。カトリック関係者の間では「教皇」と呼ぶ人が多いことや、日本政府として「教皇」と呼称しても問題ないことがバチカン側に確認できたためとしている。

これを受けて、それまで「法王」と書いてきた共同通信社も表記を「教皇」に改めることにした。ＮＨＫや多くの新聞社も同時期に「教皇」に呼称を切り替えた。

英文メディアでは「Pope」と表記されることが多い。イタリアメディアでは「Papa」や「Pontefice」と書かれ、バチカンの発表文では「Santo Padre」がよく使われる。イタリア語の辞書を引くと「Santo」は「聖なる」「神聖な」、「Padre」は「父」「神父」「創造主」などと記載されている。

本書では原則として、メディアが従来使ってきた「ローマ法王」で表記することにした。

原発事故に踏み込んだ声明

ローマ法王庁は二〇一九年九月十三日午前九時（日本時間午後四時）、ついに法王フランシスコの日本行きを正式発表した。バチカンのパウロ六世ホールで法王が「日本に行きたい」と公に発言して、実に一年と一日がたっていた。

タイも訪問するとのことで、二〇一九年十一月十九日から二十六日の日程のうち、二十日から二十三日をタイで、二十三日から二十六日を日本で過ごすという。発表文には東京、長崎、広島を訪れると明記された。先々代の法王、故ヨハネ・パウロ二世が一九八一年に訪れて以来の法王による両被爆地訪問が確定した。

日本でもバチカン発表と同日同時刻、官房長官の菅義偉《すがよしひで》が記者会見し、「国際社会に対し、被爆の実相に関する正確な発信を行う上で重要だ」と述べ歓迎の意を示し、来日中に法王が天皇陛下と会見し、首相の安倍晋三と会うことも明らかにされた。検討されたとみられていた東日本大震災被災地への訪問は行われないことも判明した。

バチカンは訪日のテーマは「すべての命を守るため」だと発表した。

これは法王フランシスコが二〇一五年に出した環境問題に関する回勅《かいちょく》（公的書簡）『ラウダート・シ――ともに暮らす家を大切に』の最後に出てくる二つの連なった祈り、「私たちの地球のための祈り」と「森羅万象《しんらばんしょう》とともに捧げるキリスト者の祈り」にあるフレーズから引用されたものだ。

「ラウダート・シ」との表題は、イタリアの守護聖人で清貧と平和の思想で知られた「アッシジのフランチェスコ」による「太陽の賛歌」の中の言葉「ラウダート・シ、ミ・シニョーレ」（「私の主よ、あなたはたたえられますように」の意）から取られている。

聖フランチェスコはイタリア中部アッシジの裕福な家庭に生まれながら、すべての財産をなげうって神に仕える道を選んだことで知られる。「貧しい人たちのための教会」を目指す法王は、この守護聖人にならうため法王として同じ名を名乗ることにした。フランチエスコはフランシスコのイタリア語の読み方である。

バチカンは法王の訪日発表と合わせて声明文を出し、「今日の日本には命と平和に関する問題が山積している」と強調した。「経済や環境の問題、近隣諸国との関係に加えて、継続している事案として自然大災害や原発事故からの復興」といった課題を日本が抱えているとはっきり指摘した。

私は原発事故にまで踏み込んだ声明の内容に驚いた。「世界的に有名な法王が日本に来れば盛り上がる」といった程度に認識していた日本政府関係者がいたとすれば、かなり戸《と》惑《まど》ったのではないかと思う。

同時に訪問が発表されたタイに関しては同様の声明文は出されなかったことからも、法王の訪日にかける意気込みが伝わってきた。

またバチカンは訪日に合わせたロゴも発表した。テーマの「すべての命を守るため」の英語表記である「PROTECT ALL LIFE」と十字架を組み合わせ、法王とみられるシルエットがデザインされている。赤い円は分け隔てのない愛で生命を包み込む太陽をイメージしている。緑の炎が日本の豊かな自然を、赤い炎が日本のカトリック教会の礎《いしずえ》となった殉教者を、水色の炎が全人類を子どもとして抱きしめる聖母マリアを表現しているのだという。

八十二歳の強行軍

　後日発表されたスケジュールによると、法王は二〇一九年十一月二十三日午後五時四十五分に羽田空港に到着。歓迎を受けた後に東京都内のローマ法王庁大使館に移動し、司教団と面会する。

　翌二十四日には早朝七時二十分に長崎へ向けて羽田を出発し、午前十時十五分から長崎市の爆心地公園で「核兵器に関するメッセージ」を発表。殉教者の記念碑がある西坂公園を訪れた後、午後二時からは長崎県営野球場で大規模ミサも実施する。午後四時三十五分に空路、長崎をたち広島へ移動、空港着は午後五時四十五分の予定だ。六時四十分から広島市の平和記念公園で「平和のための集い」を開く。羽田に戻るのは午後九時五十分で、たった一日で両被爆地を巡る強行軍だ。

　さらに翌日は、東京都内で午前十時から「三つの大規模災害」被災者と交流する。バチカンは東日本大震災のことをこう呼んでおり、三つの災害とは地震、津波、東京電力福島第一原発事故を指している。午前十一時からは皇居で天皇陛下と会見し、「若者との集い」にも参加、午後四時からは東京ドームで大規模ミサを執り行う。午後六時十五分から官邸

法王訪日スケジュール

▼訪日までの流れ

2013年3月	法王に就任。その後のインタビューで日本の敗戦と被爆に言及
2017年12月	「焼き場に立つ少年」カードの制作・配布を指示
2018年1月	南米チリに向かう機中で記者団にカードを手渡す
9月	バチカンで天正遣欧使節顕彰会の代表らに「来年、日本を訪れたい」
12月	日本人唯一の枢機卿に翌年の訪日・被爆地訪問を言明
2019年1月	パナマへ向かう機中で「11月に日本へ行きます」
9月	ローマ法王庁、法王の訪日と被爆地訪問を正式発表
11月	ローマを発つ前日、日本に向けてのビデオメッセージを公開

▼タイ・日本歴訪の日程

11月19日（日本時間20日未明）	レオナルド・ダ・ビンチ空港（ローマ）を出発、タイへ
20日	ドンムアン空港（バンコク）に到着
23日	ドンムアン空港を出発、日本へ

▼日本滞在中の日程

11月23日 東京	夕	羽田空港に到着
	夜	ローマ法王庁大使館（千代田区）でスピーチ、宿泊
24日 長崎・広島	早朝	大使館を出発、羽田空港から長崎へ
	午前	長崎・爆心地公園で「核兵器に関するメッセージ」
		中浦ジュリアン殉教の地、長崎・西坂公園へ
	午後	長崎県営野球場でミサ
	夕	長崎空港を出発、広島へ
	夕～夜	広島・平和記念公園「平和のための集い」で被爆者の証言を聞いた後、スピーチ
	夜	広島空港を出発、東京へ
25日 東京	午前	「東日本大震災被災者との集い」（千代田区）でスピーチ
		皇居・宮殿で天皇陛下と会見
	昼	「若者との集い」（文京区）でスピーチ
	夕	東京ドーム（文京区）でミサ
	夕～夜	首相官邸で首相と会談の後、「日本政府要人および外交団らとの集い」でスピーチ
26日 東京・帰国	早朝	イエズス会員とのミサ、朝食
	午前	病気・高齢司祭訪問
		上智大学訪問後、羽田空港へ
		羽田空港を出発、ローマへ

で、首相の安倍晋三との会談も行われることとなった。

二十六日にはイエズス会が設立母体の上智大を訪問し、午前十一時三十五分に羽田空港を出発し日本を離れる。

日本訪問に先立ってはタイの首都バンコクを訪問し、国王や仏教界の指導者とも会談。飛行機の移動はローマからバンコクまでが十一時間三十分、バンコクから羽田までが六時間十分。羽田からローマまでが十三時間三十分だ。日本国内でも計三回の飛行機移動があるし、ローマまでの帰りの機内では同行記者団を対象に記者会見も開かれるのだが、とても八十二歳の高齢でこなせる日程とは思えない。実際、同行記者団の一員としてタイ、日本を訪問した私は、法王よりはるかに楽なスケジュールだったはずだが、旅の終盤、ほとんど意識が朦朧《もうろう》としていた。

訪日発表後、元上智大副学長で法王と同じイエズス会に所属する枢機卿ジャンクロード・オロリッシュは法王出発前に私の取材に応じ、「日本への旅は教皇さまの長年の深い夢だった。訪日するということが決まったとき、私の手を取って『日本に行くことにしましたよ』とおっしゃった。教皇さまの心の中で本当に大切なことなのだと感じた」と話している。

またオロリッシュは日韓関係の悪化など世界各地で緊張が高まっているとして「平和が

いかに大切なものかを訴える意義深い訪問になるだろう」と分析した。

さらに前法王ベネディクト十六世時代から二〇一六年七月までバチカン報道官を務め、現法王フランシスコの信頼も厚いフェデリコ・ロンバルディも法王訪日の意義深さを強調し、「戦争と平和、核兵器や環境保護など多くのテーマが取り扱われることになる。競争や最新技術の圧力にさらされている若者のことなど現代社会の問題も重要で、法王は平和と友情の大切なメッセージを日本から発することになるだろう」と期待を示した。

「人類の殉教」と「地獄の試練からの復興」

ローマ法王が三十八年ぶりに日本を訪問するのは、またとないチャンスだと考え、私は訪日前のタイミングで法王単独インタビューを行おうと思った。法王庁に正式にレターを提出し申請しただけでなく、ありとあらゆるツテを使って働きかけたが、結論としては実現しなかった。ローマには、日本のメディアでは共同通信のほか、朝日新聞と読売新聞が駐在している。この三社に限らず、相当数の日本の報道機関がインタビューを申し込んだもようだが、どの社もかなわなかった。

唯一、訪日前に法王に単独取材を敢行したのはテレビ長崎（KTN）だった。二〇一九年九月二十四日の夕刻に放送された映像を見ると、バチカンの建物内とみられる場所で法王はテレビカメラの前に立ち日本への思いを語っている。

「キリスト教の殉教者の歴史と、広島と長崎の被爆体験の歴史を読むとき、私は日本に深く心を動かされ、強い尊敬の念を感じる」と強調し、長崎の殉教者を念頭に「キリスト教徒の自由と、強い信念を守るための忍耐」に思いを馳せると述べた。さらに原爆に苦しんだ人々に関し「もう一つの人類の殉教」との表現を使って、日本が「地獄のような試練から復興したことに深い感銘を受ける」と述べ、日本国民のことを「再び立ち上がり、常に前を向くことができる人々だ」と称賛した。最後に原爆投下を「おぞましい悪だ」とし、「だから今、私は真実を繰り返したい。戦争のために核エネルギーを利用することは倫理に反している」と結んだ。

映像には、長崎出身の被爆二世で日本人唯一の枢機卿の前田万葉も映り込んでいる。どのような経緯でこの取材が実現したかは知らないが、ローマに常駐しながら単独取材を果たせなかった私としては情けない思いでいっぱいだった。日本メディアとして、とくに長崎の地元メディアがこのように法王から被爆地への思いを直接引き出したのは見事と言うよりほかない。

「心に響きわたる強い本能」

時は矢のように飛んでいき、法王が「来年、日本に行きたい」と発言してから一年二か月が経過した。訪日に先立ち、まずタイの首都バンコクに向けてローマを出発する二〇一九年十一月十九日午後七時が迫ってきた。この章の締めくくりとして、その前日の十八日に出された法王フランシスコのビデオメッセージを紹介する。法王の母語スペイン語で話されたものを、バチカン公式メディアが報じた英語版なども参考にして私が訳しおろした。

親愛なる友人たちへ

目前に迫った日本訪問に際し、友情の言葉を皆さんに伝えたい。

わたしの訪日のために選ばれたテーマは、「すべての命を守るため」です。あらゆる人々の価値と尊厳を守るという、わたしたちの心に響きわたるこの強い本能は、平和的共存が脅かされるとき、とくに重要な意味を持ってきます。平和的共存への脅威とは、世界が今このときも直面している、とくに武力衝突のことを指します。皆さんの国は戦争によって引き起こされる種々の苦しみをとてもよく知っています。人類の歴史において、核兵器の破滅的な力が二度と解き放たれることがないように、皆さんと共に祈ります。核兵器の使用は、倫理に反します。

対話と兄弟愛の文化がいかに大切であるかについても、皆さんはとてもよく知っています。それはとくに異なる諸宗教の間で重要となってきます。それは分断を乗り越える助けとなり、人間の尊厳への敬意を促し、すべての人々の欠くことのできない発展を前へと進ませます。

わたしの訪問が、互いを尊重する道、恒久的な平和へとつながる出会いの道を歩む皆さんへの励ましになるよう願っています。平和は決して後戻りしません。平和には素晴らしい美しさがあり、それが本物であるなら、失うことのないよう、あらゆる手段を尽くしてでも守るべきなのです。

この訪問はわたしにとって、皆さんの国を特徴づけている、偉大な自然の美しさを賛美する機会にもなるでしょう。皆さんたちの文化は桜の花によって美しく象徴されています。私たちの共通の家である地球を含む「すべての命を守る」ことを促進し、強めるというわれわれに共通する願いを表明します。

この訪問の準備に多くの方々が携わっていることを知っています。皆さんの努力に心より感謝します。わたしたちが共に過ごす日々が恵みと喜びにあふれたものとなるよう希望するとともに、すべての皆さんのために、一人ひとりに寄り添って祈ることを約束します。

どうか私のためにも祈ってください。ありがとうございます。

平和への思いを打ち出した力強いメッセージだが、法王は日本滞在中、とくに被爆地から、さらに踏み込んだ発言をすることになる。

それらを紹介する前に次章では、訪日に先立つタイ訪問にも触れながら、改革派と呼ばれる法王フランシスコのバチカン元首としての独自性や特異性について分析してみたい。

第二章　欧州中心主義からの脱却

法王特別機と同行記者団

法王フランシスコは二〇一九年十一月十九日夜、タイと日本の二か国歴訪に向け、ローマのレオナルド・ダ・ビンチ空港を出発した。

アリタリア航空の法王特別機には、側近やバチカン報道官らのスタッフのほか、各国からの同行記者計六十七人も乗り込んだ。日本メディアで同行記者団に加わったのはローマ常駐組の共同通信、朝日新聞、読売新聞のほか、非常駐のＮＨＫ、フジテレビを加えた計五社の記者やカメラマンだ。

「はじめに」で書いたような法王と記者団との挨拶《あいさつ》の場が今回も設けられると聞いていたので、私は被爆者や被爆地への思い、原発や死刑制度に対する考え方などをできる限り聞こうと質問を準備していた。

パナマ外遊に同行したときの失敗を踏まえ、最初のほうの順番になるよう、エコノミーの「自由席」エリアで、法王がまず姿を見せるであろう左側前方のカーテンに近い席を確保した。

離陸してしばらくすると法王が現れた。マイクを使ってごく短いスピーチを行うと、記

タイ、日本へと向かう法王特別機の機内で記者たちに挨拶

者たちのいるほうへ歩み寄ってきた。

すぐに私の順番となる。

原爆投下後の長崎で撮られたとされる写真「焼き場に立つ少年」を見せながら私は被爆地に関する質問をした。法王は柔らかな表情で数秒間、写真を見つめていたが、「帰り(の記者会見で)話しますね」とだけ答えた。

ほかの日本人記者も原発に関する質問を試みるなどしたが「それは、訪問先でね」と笑いながら、はぐらかされる。法王の横に控える報道官が「今は取材の時間ではありません。挨拶だけにして質問はしないように」と制してきたこともあり、結局、日本の報道陣がこの場で、中身のある法王の発言を引き出すことはできなかった。

同行記者団には、ANSA通信や国営イタリア放送協会(RAI)といったイタリアを代表する報道機関や、ロイターやAPなどの世界的通信社のほか、欧米のカトリック専門メディアも含まれ、中には法王外遊の同行経験が百回を超えるようなベテランもいる。法王とすっかり顔なじみとなっている記者はこの場を利用して、比較的長めの時間、法王と言葉を交わすことが多く、そこで飛び出した発言は同行記者団全体で共有することになっている。

しかし今回、日本メディアだけでなく、こうしたベテラン記者たちに対しても、法王から特筆するような話は出てこなかった。

私がそれまでに法王外遊に同行したのは前述のパナマ訪問のときと、二〇一九年五月にブルガリアと北マケドニア（マケドニアから改称）を歴訪したときだけなのだが、この過去二回に特別機で行われた「法王と記者団の挨拶」と比べてみても、法王が今回、記者たちの質問に答えないようにしていたのは明らかだった。

もしかすると被爆地から自分の言葉を日本の人々へ直接届けたいという、強い思い入れの裏返しの対応だったのかもしれない。

バチカンを担当し専門的に取材している記者たちはイタリアでは「バチカニスタ」と呼ばれている。普段からローマ法王庁はバチカニスタたちにさまざまな取材の便宜を図っている。また法王外遊同行記者団は「ＶＡＭＰ」（Vatican Accredited Media Personnel）と呼称され、法王への直接取材の機会が得られたり、式典などで取材しやすい場所を優先的に確保できたりと多くの「特典」を享受できる。それでいて当然のことではあるが、法王庁から記者団に対して報道内容に関してのなにがしかの注文や要望がつくことはない。私の及びもつかないようなディープな取材をしている記者のところには、また違った働きかけがあるのかもしれないが、何かにつけて恥ずかしげもなく「アドバイス」や「参考情報」を寄せてきてくれるどこかの国の政治家とは大違いだなと思う。

今回のタイ、日本歴訪を前にして、バチカンの担当者はＶＡＭＰに参加する日本メディアに対しても「当たり前ですが、あなたたちが何を報道するか、何を報道しないか。どのように報じるのか。すべて完全にあなたたちの自由です」と念を押した。法王庁のメディアへの敬意が感じられる一幕だった。

ともかく私は機内での様子を盛り込んだ「法王出発」の原稿を書いて東京に送ると、法王も食べたと思われる機内食を食べ、眠った。機内食のメニューはまったく覚えていないので、とくに変わったものではなかったと思う。

ローマを出発して約十一時間三十分後、法王を乗せた特別機はタイの首都バンコクに降り立った。

精力的にアジアの国々へ

二〇一九年十一月二十日昼、法王フランシスコは「ほほえみの国」タイに到着した。連日三十度を超える気温が続いているといい、この日も強い日差しが照りつけていた。飛行機を降りたとたん、体中から汗が噴き出してくる。

法王は空港で、タイとバチカンの国旗を振って出迎えた人々のところに笑顔で歩み寄

バンコクに到着

り、一人一人と握手を交わしていく。法王の親戚で、タイで五十年以上シスターとして活動するアナロサ・シボリも現れ再会を喜んだ。

法王は二〇一三年の就任以降、精力的に外遊をこなしてきた。

これまでの訪問先はイタリアのほかにブラジル、ヨルダン、パレスチナ、イスラエル、韓国、アルバニア、フランス、トルコ、スリランカ、フィリピン、ボスニア・ヘルツェゴビナ、エクアドル、ボリビア、パラグアイ、キューバ、米国、ケニア、ウガンダ、中央アフリカ、メキシコ、ギリシャ、アルメニア、ポーランド、ジョージア、アゼルバイジャン、スウェーデン、エジプト、ポルトガル、コロンビア、ミャンマー、バングラデシュ、チリ、ペルー、スイス、アイルランド、リトアニア、ラトビア、エストニア、パナマ、アラブ首長国連邦、モロッコ、ブルガリア、北マケドニア、ルーマニア、モザンビーク、マダガスカル、モーリシャスと実に約五十の国・地域に及ぶ。

アジアに限ってみても、就任翌年の二〇一四年に韓国を訪れたのを皮切りにスリランカ、フィリピン、ミャンマー、バングラデシュを訪ねており、今回のタイが六か国目、日本が七か国目の訪問先となる。二〇一七年十一月から十二月にかけてミャンマーとバングラデシュを歴訪した際には、イスラム教徒少数民族ロヒンギャ難民と面会し、ミャンマー政府が認めていない「ロヒンギャ」との言葉も使って「断固たる措置を取ることが国際社会の責務だ」と語り、ロヒンギャ難民らに直接「世界が無関心であることを謝ります」と述べて、迫害などの人道問題への深い懸念を表明した。

法王フランシスコはこうした訪問に加えて、バチカンと国交のない中国との歩み寄りも加速させている。二〇一八年九月には、長年対立してきた司教任命問題をめぐり暫定合意を交わした。朝鮮半島情勢にもたびたび言及し、北朝鮮の公式招請があれば「訪朝する可能性がある」と述べたことがあるなど、アジア諸国への関与を強める姿勢を鮮明にしている。

先代の法王ベネディクト十六世がスペインやドイツといった欧州の国々を繰り返し訪れ、一度もアジアの国を訪問しなかったのとは対照的だ。ベネディクト十六世の在位八年の訪問先は二十数か国・地域にとどまっており、就任六年余りの現法王フランシスコがその倍もの国・地域をすでに飛び回っていることからも、彼がいかに精力的に動いているかが分かる。法王フランシスコの訪問先には中東やアフリカ、中南米も含まれており実に幅広い。

とくに訪日が実現した二〇一九年に法王フランシスコがイタリア以外で訪れた国は十一か国に及んだ。これは世界中を外遊し「空飛ぶ法王」と呼ばれた先々代のヨハネ・パウロ二世が一九八二年に訪れた国数に並ぶ。バチカン公式メディアは二〇一九年を振り返って

「あちこち旅する法王」とフランシスコを評した。

法王フランシスコは就任以降、法王に次ぐ高位聖職者である枢機卿《すうききょう》についても欧州だけでなく、中東やアジア、アフリカ、中南米出身者も多く登用している。法王選挙（コンクラーベ）で投票権を持つ八十歳未満の枢機卿は二〇一九年十月五日時点で世界に百二十八人おり、欧州出身者は五十四人、北中南米は三十六人、アフリカ十八人、アジア十六人、オセアニア四人となっている。ただ、たとえば先々代のヨハネ・パウロ二世の時代と比べて、著しく欧州偏重の傾向がなくなっているかといえば、一概にまだそうとも言えないようだ。

いずれにしても歴代法王の出身地域を見ても、ローマ法王庁がこれまでずっと「欧州一極集中」「バチカン中心主義」を取ってきたことは明らかで、法王フランシスコは旧態依然としたこうした体制を打破しようとしているように見える。

地域的な広がりやバランスを重視するだけでなく、法王はカトリック教会を実社会に即して変革していくことも大事だと訴えている。

伝統に縛られずに多様な価値観にも理解を示すため、保守派からは反発も受けるが、内部の不祥事にも切り込んでいく。法王フランシスコは二〇一三年の就任以降、教会がタブーとする同性愛や避妊、離婚にも柔軟な見解を示してきた「異色の法王」なのだ。

イエズス会出身という衝撃

改革派の法王フランシスコが史上初めての中南米出身の法王であることはすでに述べた。彼にはもう一つの史上初、「イエズス会出身の法王」という顔もある。

イエズス会はローマに総本部を置くカトリックの男子修道会で、日本にキリスト教を伝えたフランシスコ・ザビエルらが十六世紀前半に創設した。日本以外にも、明《みん》や清《しん》の時代から中国でも布教活動を行ってきたことで知られる。現場を重んじる彼らは世界の最前線で活動を展開してきたという自負があり、時にきれいごとだけでなく策略をめぐらしてでも信者数を増やしていく組織だというイメージで語られることがある。イタリア語の辞書で「gesuita」と引くと、「イエズス会士」との意味のほかに「抜け目ない人」「策謀家」といった説明も記載されている。

法王が伝統的に白い服を着ているのに対し、イエズス会総長は黒色の法衣を身につけていることと、またその影の影響力の大きさから「黒い法王」「黒衣の法王」などと呼ばれることもあるほどだ。

表舞台に立つことはないとされてきたイエズス会の出身者が法王に就任したことは、史上初の中南米出身者であることと併せ、二重の衝撃を世界に与えた。

法王フランシスコは一九五八年三月十一日、二十一歳のときにイエズス会に入会した。フランシスコ・ザビエルが一五四九年に鹿児島に上陸し、長崎や山口などで布教活動を行ったことを挙げるまでもなく、イエズス会と日本には深いゆかりがある。

イエズス会第二十八代総長でスペイン人の故ペドロ・アルペは一九三八年に来日し、原爆に遭《あ》った広島で負傷者の救護に尽力している。一九四五年八月六日当時は、広島市郊外の「長束《ながつか》修練院」で院長を務めていた。医学の知識があり、修練院に運び込まれた負傷者らを自ら治療した。後年、この被爆地での経験について「私の心に深く刻み込まれたままである」と著書に記している。原爆の悲惨さを訴えながら、世界各地を回り、一九五九年には法王フランシスコの母国アルゼンチンも訪れ、イエズス会入会二年目で、後に法王となるホルヘ・マリオ・ベルゴリオにも会っているのだ。イエズス会総長アルペから日本のキリスト教の歴史や被爆体験を聞かされ、ベルゴリオは日本への思いを駆り立てられたという。

法王として日本に出発する直前の二〇一九年十一月七日、法王フランシスコはバチカンでイエズス会関係者らを前に演説し、第二十八代総長アルペに言及。「彼の使命の基盤には、人々の苦しみを目の当たりにした体験があった」と述べた。

前に触れたように「バチカン中心主義」を取るローマ法王庁はきわめて中央集権的な組織だ。十三億人超の信者を抱えるカトリック教会の頂点に立ち、バチカン市国の元首でもあるローマ法王は立法、行政、司法の全権を行使し、教会の中央最高執行機関の法王庁を統治する。

法王フランシスコはこうした体制についても改革を進めようとしている。

現場を重んじるイエズス会の分権型の運営モデルをバチカンにも取り入れ、法王はカトリック教会内での権力一極集中を避けようと考えていると指摘するメディアもある。ただ既得権益を守ろうとしたり、伝統を重んじたりする保守派の中には表立って法王を批判する者たちも出てきた。

イスラム発祥の地でミサを

「異なる文化、異なる宗教、異なる考えに敬意を示して平和的に共存し、調和を作り出すことが重要であると、多様性の国タイは知っている」

「(宗教指導者であるわれわれが)違いがあっても、互いに尊重し認め合えば、世界に希望の言葉を伝えられる。分断や衝突によって最も苦しんでいる人々を励ますことができる」

法王フランシスコはタイ訪問中、同国仏教界のトップであるアリヤウォンサコッタヤン大僧正《だいそうじょう》との会談などの場で、対話と融和の重要性を繰り返し訴えた。

バチカンによると、人口約六千六百万人のタイで、カトリック信者は約三十八万九千人という。人口比にして、わずか〇・五九パーセント。仏教徒が九五パーセントを占め、イスラム教徒も四パーセントいるが、キリスト教徒は完全なる少数派だ。日本のカトリック中央協議会によると、日本のカトリック信者は二〇一八年時点で約四十四万人、人口比は〇・三五パーセントというから、カトリック信者の割合としてはタイのほうが高いことになる。

ただ、これだけ圧倒的に仏教徒が多い国であるから、「異なる宗教との対話」という観点からは、訪日よりもタイ訪問のほうに法王フランシスコの融和にかける強い思い入れを読み取ることができる。

二〇一九年十一月二十一日にタイの首都バンコクの国立競技場で執《と》り行った大規模ミサでは六万五千人収容の観客席が埋まり、スタジアムは熱狂に包まれた。法王が、世界で子どもや女性が人身売買の犠牲になったり、難民や移民が家を失ったりして苦しんでいると指摘し、「これらの人々は皆、私たちの家族だ」と訴え連帯を呼びかけると、多くの人が真剣な表情で聞き入った。ミサに出席したバンコクの女性会社員カンダーは、家族全員がカトリック信徒といい、「一生に一度しかないことだから会社を休んだ。法王は優しく愛に満ちあふれているように見えた」と語った。

法王はこの日に国王ワチラロンコンとも会談を行ったほか、二十二日にはキリスト教や他宗教の指導者らとも面会した。

法王フランシスコの、異なる宗教や教派とも積極的に関わっていこうとする姿勢は就任以来、際立っている。

二〇一六年にはキリスト教東方正教会の最大勢力、ロシア正教会の最高位であるキリル総主教と歴史的な会談を行った。

六世紀にローマが西方、コンスタンティノープル（現在のトルコ最大の都市、イスタンブール）が東方のキリスト教の中心となった後、教義や管轄地をめぐる対立が始まり、両者は一〇五四年に互いに破門、分裂している。東方の流れをくむ東方正教会の最有力組織がロシア正教会であり、そのトップと法王の会談は、千年近く前に東西分裂して以来、初めてのことだった。

東西は一二七四年のリヨン公会議などで和解を模索したが成功せず、一九六四年に東方正教会の名目上の首位であるコンスタンティノープル総主教と当時の法王が五百年ぶりに会談し、互いの破門を解くといった動きはあったものの、歴史的な歩み寄りの実現はまだ道半ばだった。

法王フランシスコは二〇一六年二月十二日、キューバの首都ハバナでキリル総主教と会談し、共同宣言に署名。両者は肩を抱き合って、頬《ほお》に口づけを交わした。法王はこの総主教との会談を振り返り「兄弟のように話した」と述懐している。

法王フランシスコは二〇一九年二月には、法王として歴史上初めて、イスラム教発祥の地であるアラビア半島を訪問した。

アラブ首長国連邦（UAE）の首都アブダビの競技場で執り行ったミサには十八万人もの人々が参加した。法王がアラビア半島でミサを行うのも、もちろん史上初めてのことだ。

競技場に姿を見せた法王は参加者から熱狂的な歓声を浴び、歴史的な訪問を印象付けた。競技場の外にも大画面が設置され、場内に入りきれない信者があふれ、中継映像を見ながら祈りをささげる者たちも多くいた。アラブ諸国ではキリスト教の宗教活動が事実上の制限を受け、比較的寛容とされるUAEでも公の場でミサが行われるのはきわめて異例なことだ。

アブダビに滞在中に法王は、エジプトにあるイスラム教スンニ派最高権威機関アズハルの指導者タイブ師とも会談している。両者は宗教間対話を強化し、互いを尊重するとした覚書に署名した。

法王フランシスコとアズハル指導者タイブ師は二〇一六年五月二十三日にバチカンで歴史的な会談を果たしている。ここでは世界が直面している課題、とくに平和実現に向けたテロや紛争の根絶のための話し合いが行われた。

先々代の法王、故ヨハネ・パウロ二世の時代、二〇〇一年九月十一日に米中枢同時テロが起き、欧米を中心とするキリスト教世界とイスラム圏の関係は一変してしまった。先代法王ベネディクト十六世は二〇〇六年、ドイツの大学で行った講演で、イスラムの教えを「邪悪」「残酷」としたビザンチン帝国皇帝の発言を引用し、イスラム教徒の猛反発を招いたという経緯もある。

法王フランシスコとアズハル指導者タイブ師との二〇一六年の初会談は、それまでの両宗教間の緊張の緩和を強く印象づけた。法王はその後二〇一七年にエジプトを訪問した際も、アズハル主催の国際平和会議にタイブ師と並んで出席し融和をアピール。訪日直前の二〇一九年十一月にもバチカンでタイブ師と会うなど、良好な関係を築いている。

性的虐待問題をめぐって

法王フランシスコの特徴としては、こうした対外的な融和姿勢とともに、内部の不祥事に対する断固とした厳しい姿勢が挙げられるだろう。

運営の不透明さが問題視されてきたローマ法王庁の財政管理組織「宗教事業協会」（通称バチカン銀行）について、二〇一三年の就任以降、財務内容公開などの改革を推進し運営方法の見直しに取り組んできた。

さらに法王がとくに力を入れて対応に当たっているのが、各国で相次いで発覚している聖職者による性的虐待問題である。

米ボストン大司教区で神父たちによる未成年者虐待が行われてきたことを米紙ボストン・グローブが二〇〇二年にスクープして以来、この問題は世界中に飛び火し、驚くべき実態が浮かび上がってきている。ボストン・グローブの調査報道の奮闘ぶりを描き、アカデミー賞作品賞と脚本賞に輝いた映画「スポットライト　世紀のスクープ」（アメリカ映画、二〇一五年公開）とバチカンとを結びつけて記憶している人も多いだろう。

二〇〇九年には、アイルランドの教会が一九七〇年代以降、聖職者による虐待を隠蔽《いんぺい》し続けてきたとする報告書をアイルランド政府が公表した。翌二〇一〇年にはオーストリア、オランダ、スペイン、スイス、ブラジルなどでも虐待疑惑が浮上し、二〇一四年二月には、国連の「子どもの権利委員会」がカトリック聖職者による虐待被害者は数万人に及ぶとしてローマ法王庁を非難した。その後も子どもたちの被害が各地で明らかになっている。

法王フランシスコは就任翌年の二〇一四年三月、虐待問題に対応するための諮問《しもん》委員会を設置。二〇一九年二月には二十一日から二十四日の計四日間の日程で、世界各国の司教の代表ら約百九十人を招集した異例の「未成年者保護会議」をバチカンで開いた。日本からは長崎大司教区の大司教、高見三明も出席している。

法王は会議の冒頭、「正義を求める子どもたちの叫びを聞き、具体的で実効性のある対策を取らなければならない」と強調した。教会の説明責任や透明性確保の重要性を指摘し、各教区で未成年者への虐待が起きてきただけでなく、事件の隠蔽が図られた例もあることを念頭に「(教区のトップである) 司教は犠牲者の苦しみと悲劇を知り、何をしなければならないかを理解してほしい」と訴えた。

会議に先立っては組織委員が、世界各地から集まった被害者代表の男女計十二人と二時間以上にわたって面会し、被害状況の聞き取りを行った。

会議ではビデオ映像で「人生を破壊された」と訴える被害者たちの証言も紹介された。十五歳のときから十三年間、神父に性的関係を強いられたという女性は「神父が避妊具を使いたがらず、三回、妊娠中絶させられた」と述べた。拒めば殴られ、ほかの男性との交際も禁じられたが、神父に経済的に依存していたためどうすることもできなかったと語った。

著名神父による未成年者虐待事件が起きた南米チリの出身とみられる被害者も証言。被害を申し出たがうそつき呼ばわりされ、教会の敵だと見なされたとし「世界中で起きているこのようなことは終わらせなければならない」と述べた。

長年、百回以上の虐待を受けたが教会側が隠蔽し続けたとするアジアの事例や、五十三歳の神父が十代の時に受けた被害を司教に訴えたが何年も放置されたとするケースも取り上げられた。

会議では専門家やジャーナリスト、枢機卿による報告があり、質疑応答も実施された。法王は最終日の演説で「今こそ共に取り組み、あらゆる手段を取ってこの悪事を根絶しよう」と強調している。自殺者も出ている問題だとして「性的虐待や搾取《さくしゅ》の被害者となった子どもは世界で数百万人に上る」と指摘し、隠蔽は許さないとした上で「(被害者の)沈黙の叫びに注意を払うのはわれわれの責務だ」と呼びかけた。

法王は二〇一九年三月、この「未成年者保護会議」の成果として、子どもや障害者らを守るための対策強化策を盛り込んだ法王教令を出した。教令はバチカン職員らに、虐待を知った場合の司法機関への通報を義務づけ、被害者へのさまざまな支援も打ち出した。さらには五月には新たな法王教令を出し、虐待隠蔽を撲滅するための通報制度を二〇二〇年六月までに整備すると明記した。新制度は世界中のすべての教区で運用されるとして、虐待の報告を受けた地元の大司教は原則九十日以内にその事案の調査を終えなければならないことなどを決めた。法王は日本訪問を終えた後の二〇一九年十二月には、司教らが虐待事案を把握した場合、「機密事項」として非公表にする対応は一切認めないと発表した。保護すべき対象は未成年者だけでなく、社会的弱者や神学生なども含まれると強調している。

バチカンの未成年者保護会議に出席した日本カトリック司教協議会会長の高見三明は二〇一九年四月に共同通信のインタビューに応じ、日本でも聖職者による虐待問題に関して本格的な調査に乗り出すとして、「徹底してやらないといけない。現状を把握し、被害者にどのようなケアができるか考えたい」と述べた。

司教協議会が二〇〇二年と二〇一二年に行ったアンケートでは被害の報告が五件あったが、このときは聞き取り調査や関係者の処分などの措置は見送られた。高見は当時の教会側の対応も含めて検証する方針を示している。

前代未聞の法王辞任要求

バチカンを揺るがすこの問題をめぐって法王は二〇一九年二月、未成年者への性的虐待疑惑が持ち上がり二〇一八年七月に枢機卿を辞職した米ワシントンの名誉大司教セオドア・マカリックの聖職を剝奪《はくだつ》することを決めている。法王に次ぐ高位聖職者で、原則として終身制である枢機卿が辞任すること自体ほとんど例がないことだが、聖職を解くというのはきわめて異例の措置だ。法王の強い意志が感じられるが、「マカリック問題」の対応に関しては、法王への批判も噴出していた。

マカリックは二〇〇八年にスイスのダボスでの世界経済フォーラム年次総会（ダボス会議）で講演したこともある著名人だ。虐待から子どもを守るための教会の指針作りにも携わった人物だが、十代少年への虐待を約五十年前に行ったとの疑いが浮上し、バチカンは二〇一九年二月、マカリックに犯罪的な行為があったと認定し、聖職を剝奪した。

しかし、これに先立ち、バチカンの元駐米大使で大司教のカルロ・ビガノは二〇一八年八月、メディアを通し法王に辞任を求める十一ページに及ぶ告発文を公開している。ビガノは二〇一三年に法王と面会し、教会がタブー視する同性愛的振る舞いをマカリックが行っていたと報告したにもかかわらず適切な処置が取られなかったと主張した。

法王は当初、「この件で私は一言も話さない」と黙殺の構えを取ったが、ビガノは「私の告発に答えようとしない法王の姿勢は、彼の掲げる透明性に著しく矛盾する」と指摘し、同九月に、さらに法王批判を展開する新たな文書を発表。二〇一九年一月にもビガノは聖職者による未成年者虐待問題に絡む批判を行った。

前代未聞の辞任要求を受けた直後、法王は「真実は謙虚で静かなものだ」と述べ、議論には応じない考えを示していた。しかし、その後、ビガノへの名指しを避けながらも「聖職者ぶりながら虚栄心にまみれ、他人を批判するのは偽善者だ」と発言。バチカン司教省のトップで枢機卿のマルク・ウエレがビガノ宛《あ》ての書簡を公開し「根拠のない告発は法王を陥れようとする政治的な陰謀だ」と強く指弾するなど、非難の応酬となった。

こうした動きは、従来のカトリック教会が認めてこなかったような価値観にも柔軟な見解を示し、多様性実現に向けた改革を進めようとする法王に対する反発だとみる向きもある。ビガノは、伝統を重んじた保守派の前法王ベネディクト十六世に近く、改革派の現法王フランシスコとは反目していると言われていた。そのため異例の法王辞任要求や告発の背景には、バチカン内部の政治対立や権力闘争があるとも指摘される。さらには就任以来、法王が環境問題を重要なテーマだと訴え、大量消費主義や利益至上主義を戒めていることなどに反発する米財界や富裕層も絡んだ「戦い」だとの解説もある。

法王を追い落とそうとする保守派などのこうした動きは、改革を進め勢力を拡大する法王派への危機感の裏返しだ。新しい法王を選ぶ選挙「コンクラーベ」で投票権を持つ枢機卿は二〇一九年十月時点で世界に百二十八人で、このうち現法王フランシスコが任命したのは六十七人。伝統を重んじた前法王ベネディクト十六世に任命された四十三人を大きく上回る。この傾向は今後さらに強くなることが予想されるため、次の法王がまた、現法王フランシスコの意を汲《く》んだ改革派から選ばれるのではないかと、保守派陣営は考えているのだ。

史上初めて中南米から選出された法王は「貧しい人たちのための教会」を掲げ、社会的弱者に寄り添うという信念を原動力にバチカン改革を進めるが、その道の険しさも感じていることだろう。

バチカンを長年取材する記者で『フランシスコの孤独』（邦訳は未刊行）の著書もあるマルコ・ポリーティは、大司教カルロ・ビガノの一連の告発に関して、「過去数百年の歴史を振り返ってみても、これほどの高位聖職者が表立って法王に辞任を求めた例はない」とし、異常事態だと指摘している。「ローマ法王庁内部にも変化を望まず法王を中傷する聖職者がいる。それでも法王は不祥事への対応に取り組み、力強く改革を進めていくだろう」と述べた。

以上見てきたようなバチカンを取り巻く状況や、教会の多様性実現を目指す法王の思いを踏まえた上で訪日をとらえると、その意義をより多角的に理解できるようになるかと思う。

次章からは法王フランシスコの被爆地からのメッセージを読み解いていく。

第三章　長崎から発した「核なき世界は実現できる」

「臆することなく声を上げていく使命を」

「わたしはこの瞬間を待ちわびていました」

被爆地、長崎で吐露されたこの心情に、ローマ法王フランシスコの訪日にかける想いが集約されていた。

二〇一九年十一月二十三日夜、法王を乗せたタイ航空の特別機は羽田空港に着陸した。われわれ同行記者団は法王が降り立つ瞬間を見逃さないよう慌てて機内から地上に駆けおりた。六時間前までいたバンコクのうだるような暑さがうそのようだ。冷たい横殴りの雨が降り、気温差の激しさに体が震える。

しばらくすると暗闇《くらやみ》の中、ライトに照らされ、白色の正装「スータン」をはためかせた法王が現れた。ゆっくりと、一歩一歩タラップを降りてくる。私は寒さで手がかじかみ、うまくカメラのシャッターを押すことができなかった。

ほほえみながら赤いじゅうたんの上を歩く法王を、副総理の麻生太郎《あそうたろう》や司祭、カトリック系高校に通う生徒たちが出迎えた。法王は日の丸とバチカンの国旗が掲げられた貴賓室《きひん》にしばらく滞在した後、警察の白バイや十数台の車列とともに羽田空港を後にした。

雨風の中、羽田空港で特別機のタラップを降りる

向かった先は、東京都千代田区にあるローマ法王庁大使館だ。ここで法王は、日本の司教団たちを前に、訪日後初めてのスピーチを行った。

「日本訪問という恵みと、皆さまの歓迎にとても感謝しています」

日本人は働き者であることにならって、到着したばかりの私もさっそく働いています、と冗談も織り交ぜながら自らの想いを打ち明けていく。

「ご存じかどうか分かりませんが、わたしは若いときから日本に共感と愛着を抱いてきました。日本への宣教の望みを覚えてから長い時間がたち、ようやくそれが実現しました。わたしは信仰の偉大な証人の足跡をたどる、宣教する巡礼者としてここにいます」

法王は自らの出身母体イエズス会の創設者の一人であるフランシスコ・ザビエルが日本に上陸して四百七十年がたったと続け、ザビエルが日本でのキリスト教の布教を始めたと言及した。

そして、豊臣秀吉のキリシタン弾圧により長崎で処刑された宣教師や信徒ら二十六人のうちの一人パウロ三木《みき》と、「福者《ふくしゃ》」に列せられたキリシタン大名の高山右近《たかやまうこん》の名前を挙げ、「迫害の中で信仰を守ろうとするこの献身のおかげで、(日本の)小さなキリスト教共同体は成長し、堅固になり、豊かな実りを生んだ」と述べた。

明治時代初頭に禁教令が解けた後も弾圧下の信仰形態を維持した人々「かくれキリシタ

ン」や、二〇一八年夏に世界遺産に認定された「長崎と天草《あまくさ》地方の潜伏キリシタン関連遺産」（長崎、熊本）にも触れ、話題は「世界の平和と正義」に移っていく。

被爆者や、東日本大震災をはじめとする災害に苦しむ人々にも向けた言葉を以下、少し長くなるが紹介する。

「わたしはすぐに、長崎と広島を訪問します。そこで、この二つの町の被爆者のために祈ります。また核兵器廃絶への皆さんの預言的とも言える呼びかけに、わたしも同調を表明したいと思います。人類史に残るあの悲劇の傷に、今なお苦しんでいる人々、また（地震、津波、東京電力福島第一原発事故という）三重の大災害の犠牲者の方々にもお会いしたいと思っています。長期にわたる彼らの苦しみを見ると、人として、そしてキリスト信者として、わたしたちに課された義務をはっきり自覚させられます。身体や心に苦しみを抱えている人を助け、希望と治癒と和解という福音《ふくいん》のメッセージを、すべての人に伝えるという義務です。

災害は人を選ばないし、身分も問いません。ただ、その激しい破壊力をもって襲いかかります。多くの人命を奪い甚大《じんだい》な損害をもたらした先日の台風もそうです。亡くなった方々とその家族、自宅や家や財産を失ったすべての人を、主のいつくしみに委ねましょう。

日本で、そして世界中で、あらゆる命を神からのかけがえのない賜《たまもの》として守るために、臆することなく声を上げていく使命を果たせますように」

法王はこのように、日本列島に深刻な被害をもたらした二〇一九年九月の台風15号や十月の台風19号も念頭に置いた発言もしている。

東京大司教区の大司教、菊地功のブログ「司教の日記」によると、バチカンは訪問先の国の教会からさまざまな情報提供を受けてスピーチを準備しているのだという。ただ菊地は同時に、法王訪日中に発せられた種々のメッセージに関し、「現地の教会がこれを教皇様に言ってほしいとか、例えばわたしが個人として教皇様にこう言ってほしいとか、そんなリクエストができるようなシステムにはなっていませんでした」と振り返り、あくまで法王やバチカン独自の考えがメッセージの基盤になっていたと強調した。

法王は司教団を前にしたスピーチで、日本の人々を「励ましたい」と繰り返した。

この日に予定された行事はほかになく、法王は日本滞在中の宿泊先であるローマ法王庁大使館で午後七時二十分から夕食を取ると、早めに休んだものとみられる。

翌日の二〇一九年十一月二十四日は、午前六時四十分に大使館を出発し、羽田空港から全日空機で一路、長崎へと向かうのだ。

羽田から長崎への移動に関しては、われわれ記者団は法王とは別の飛行機で一足先に被爆地入りし、法王を待ち構えることとなっていた。東京都内のホテルを午前四時四十五分に出発する予定だ。朝食は午前四時からという。

「今日はもうおしまい。明日はとんでもない早起きだし。嵐の前の静けさだね……」

バチカン関係者の一人がつぶやいた。

法王訪日取材における、最も長い一日が始まろうとしていた。

平和と安定は「人の心にある最も深い望み」

たたきつけるような雨が降りしきり、傘はほとんど役に立たない。

「まもなく、教皇フランシスコの到着です」

雷鳴と雨音に混じり、女性の声のアナウンスが響く。

二〇一九年十一月二十四日午前十時すぎ、ローマ法王フランシスコは黒い車を降りると、穏やかな笑みを浮かべながら、原爆が上空で炸裂《さくれつ》したことを示す原爆落下中心地碑に続く白い道を進んだ。色づいた木々が並ぶ長崎市の爆心地公園は、雨合羽《あまがっぱ》を着込んだ人々で埋まった。

法王は、カトリック信徒で被爆者の深堀繁美《ふかぼりしげみ》と、語り部で被爆者の下平作江《しもひらさくえ》から花輪を受け取ると、そっと献花台に手向《たむ》けた。

そのまま花輪に両手を添えてこうべを垂れ、四十秒間、黙禱《もくとう》した。その後、碑に目線を向けると胸の前で手を組み、再び目をつむって一分間にわたって犠牲者に祈りを捧げた。外遊にいつも随行する神父ルエーダがさす傘の下で法王は、左ポケットから何かを出して口に含んだようにも見えた。

おもむろに眼鏡をかけ、空を見上げる。大きく息を吸い込んでから演台に目を落とした。

人類の歴史に残る「核兵器に関するメッセージ」の読み上げが、午前十時二十一分、始まった。

「この場所は、わたしたち人間が過ちを犯しうる存在であるということを、悲しみと恐れとともに意識させてくれます」

法王はこの言葉でスピーチを始め、長崎を「核攻撃が人道上も環境上も破滅的な結末をもたらすことの証人である町だ」と呼んだ。

静かでゆったりとした語り口で並べられていくのは、とても力強い言葉だった。

「人の心にある最も深い望みの一つは、平和と安定への望みだ。核兵器や大量破壊兵器を

長崎・爆心地公園に到着

所有することは、この望みへの最良の答えではない」

「軍備拡張競争は、貴重な資源の無駄遣いである」

「武器の製造、改良、維持に財が費やされ、日ごとに武器は一層破壊的になっている。これらは途方もない継続的なテロ行為だ」

「個々人、宗教団体、市民社会、核兵器保有国も、非保有国も、軍隊も民間も、国際機関も、核兵器の脅威に対しては一致団結して応じなくてはならない」

法王は核兵器を含む大量破壊兵器の保有を非難し、各国の相互不信によって兵器使用を制限する国際的な枠組みが崩壊する危険性が高まっていると指摘した。「核兵器は安全保障上の脅威から私たちを守ってはくれない」とも述べ、核抑止論も明確に否定した。

「カトリック教会は、人々と国家間の平和の実現に向けて、不退転の決意を固めている」

「現実的でない」は承知の上で

これほどまでに強い言葉を使って法王が核兵器廃絶に向けた意気込みを示したのは、世界で袋小路に陥っている核軍縮の現状に対する危機感の表れだ。

二〇二〇年春に国連本部で開かれる核拡散防止条約（NPT）再検討会議は、五年前の前回に続き合意文書の採択が危ぶまれている。安全保障を理由に核軍縮を渋る核保有国と、これにいら立ちを強める非保有国との溝が浮き彫りとなり、対立は深刻の度を増している。二〇二〇年は核拡散防止条約の発効から半世紀の節目であるにもかかわらず、協調ではなく大国の自国中心主義がはびこり、ＮＰＴ体制は一層の形骸化が懸念されている。

米国とロシアは新型核兵器開発など戦力増強を進めており、米国は米ロ間の中距離核戦力（ＩＮＦ）廃棄条約から一方的に離脱表明し、同条約は二〇一九年八月に失効した。二〇二一年二月に期限が切れる新戦略兵器削減条約（新ＳＴＡＲＴ）の延長交渉の見通しも暗い。

そのまま期限切れを迎えれば、一九八九年の冷戦終結後初めて、米ロ間に核軍縮の条約が一切なくなるというきわめて重大な事態が生じることとなる。両国間の相互査察はなくなり、要するにどのような核軍拡も思いのままということになるのだ。

法王は「われわれは多国間主義の衰退を目の当たりにしている」として「今、拡大しつつある、相互不信の流れを断ち切らなければならない」と訴えた。

そして「あらゆる国の指導者」に緊急の対応を取るよう求めた。

さらにはっきりと「核兵器禁止条約を含む国際法の原則にのっとり、飽くことなく迅速に行動していく」とも強調した。

わざわざ核兵器禁止条約を例示したのは、唯一の戦争被爆国でありながら米国の「核の傘」に依存し、同条約に参加していない日本政府を意識してのことだろう。

核兵器の使用や保有を全面的に禁じる核兵器禁止条約が二〇一七年に採択されると、法王フランシスコが元首を務めるバチカン市国はいち早く批准《ひじゅん》した。日本政府が署名を見送り続ける中、一九年十一月二十五日にはカリブ海の島国アンティグア・バーブーダが三十四番目の国・地域として批准手続きを完了したが、条約の発効には五十か国・地域の批准が必要だ。

日本政府が核廃絶に向けた姿勢を後退させていると批判されるのは、核兵器禁止条約への対応だけが理由ではない。

法王フランシスコの被爆地訪問の直前、二〇一九年十一月一日には、国連総会（一九三か国）の第一委員会（軍縮）で、日本が毎年提出している核兵器廃絶決議案が賛成多数で採択された。しかし決議案は、「核の傘」を提供する米国に配慮し核兵器禁止条約について触れていない。のみならず、「核使用による破滅的な人道上の結末」について前年までは記載されていた「深い懸念」との言葉は削除され、代わりに「認識する」との弱い表現が使われた。

法王は長崎からのスピーチで「政治をつかさどる指導者の皆さんにお願いします」と繰り返した。その呼び掛けの相手の中心に、核兵器禁止条約を「安全保障の現実を踏まえず作成された」と切って捨てる日本の首相、安倍晋三がいたのは間違いない。

法王が今回の日本滞在中、各国指導者とすべての市民に向けて最も訴えたかったことは、次の一文に込められていたと私は考えている。

「核兵器なき世界は実現可能であり、必要不可欠だ」

平和を夢見ることを冷笑し、武力の放棄を現実的でないとシニカルにとらえる人々がいることを、むろん、法王は分かっている。だからこそスピーチの中でわざわざ、「核兵器から解放された平和な世界」は「理想」だと断り、「これを現実にするためには、すべての人、国、機関、共同体の参加が必要」だと語ったのだ。この理想の実現を、地球上の「あらゆる場所で、数え切れない人々が熱望している」と訴える法王の言葉は、私の胸にも強く深く響いた。シリア、パレスチナ、イラク、リビアといった紛争地の取材現場で出会った「数え切れない人々」の苦悩する姿を思い出したからかもしれない。

法王は自らの名前の由来ともなった、アッシジの聖フランチェスコの「平和の祈り」を引用して、こう続けた。

「主よ、わたしをあなたの平和の道具としてください。憎しみがあるところに愛を。諍《いさか》いがあるところに赦《ゆる》しを。疑いのあるところに信仰を。絶望があるところに希望を。闇に光を。悲しみがあるところに喜びをもたらすものとしてください」

そして最後に長崎を「追悼のための象徴的な場所」と呼び、十四分間に及んだメッセージを締めくくった。

「過去と同じ過ちを犯さないために、わたしたちが真の平和の道具となり、あらゆる努力を重ねることができるよう、この場所がわたしたちを目覚めさせ、無関心でいることを許さないだろう」

訪日を決断させた一葉の写真

法王フランシスコが長崎市の爆心地公園で「核兵器に関するメッセージ」を読み上げているあいだ、私は土砂降りの中、ずぶぬれになりながら必死にカメラのシャッターを切っていた。

演台の傍《かたわ》らに置かれた写真「焼き場に立つ少年」のパネルと、法王フランシスコとを一つの構図に収めるためだ。

亡くなった幼子を背負い、口を固く結んで火葬の順番を待つ、はだしの少年。原爆投下直後の長崎で、米軍の従軍カメラマンだった故ジョー・オダネルが撮影したことはすでに述べた。

爆心地公園では、「焼き場に立つ少年」のパネルを横に置いてスピーチ

この日の爆心地公園の式典にはオダネルの息子タイグも参列していた。演説を終えた法王に歩み寄り、「父の写真を使っていただき、ありがとうございます」と伝えると、法王は「こちらこそ、ありがとうございます」とにこやかに応じた。

長崎のどの場所で撮影されたものなのか。少年とは誰で、その後、どのような人生を送ったのか――。写真に関しては今も多くの謎が残る。撮影者のオダネルは帰国後、何度も来日し少年を捜したが見つからなかったのだという。ただ、オダネルが写真に込めた平和への思いが確実に世界の人々に広がり続けていることは間違いない。

法王に訪日を最終決断させたのも、この一枚の写真だと言われている。

ではどのようにして法王は、「焼き場に立つ少年」の存在を知ったのか。

悲愴《ひそう》な表情を浮かべる子どもの姿に衝撃を受け、写真を世界中に広めるよう呼びかけた二〇一七年の暮れに先立ち、この一枚を手紙に同封し法王フランシスコに送った人物がいる。

それが第一章でも触れた、法王に「長崎の古い友人」と呼ばれるイエズス会修道士のアントニオ・ガルシアだ。

法王就任前のホルヘ・マリオ・ベルゴリオが一九八七年に日本を訪問したときに、案内役を務めて以来の付き合いのガルシアは、三十年以上にわたり法王と文通を続けてきた。

偶然目にした少年の写真を手紙に入れ送ったところ、ほどなくして、法王が写真をカードに印刷するよう教会関係者に指示を出した。

法王は核廃絶メッセージを発した爆心地公園に続いて訪れた、宣教師や信徒ら殉教者二十六人の記念碑がある西坂《にしざか》公園でガルシアとの再会を果たしている。互いに何度も抱き合い、法王は感極まったようにガルシアの頰にキスをした。さらに予定にはなかったが、法王はガルシアが館長を務めた「日本二十六聖人記念館」の見学もしている。

「核兵器の悲惨さについて世界の人々に考えてもらう大きなチャンス」

ガルシアは、十三億人超の信者を抱えるカトリック教会トップの被爆地訪問をこう意義づけた。

次世代への警告

ローマ法王フランシスコはかねてより「広島と長崎の被爆者の声が次世代への警告となるように」と訴えてきた。

原爆被害の実相を知る人が減り続ける中で、この言葉はより一層の重みを増してきている。

日本の厚生労働省によると二〇一九年三月時点で被爆者健康手帳を持つ人の数は、ピークだった一九八〇年度の約三十七万二千人の約四割に当たる十四万五千八百四十四人になった。平均年齢は八二・六五歳。語り部は確実に減っている。

しかし法王が二十代のころから思いを馳《は》せ続けた地から鳴らした警鐘《けいしょう》は、若い世代にもしっかり伝わったようだ。

十一月二十四日、法王が核廃絶スピーチを行った爆心地公園に参列したのは、出席者名簿によると八百三十六人。このうち小中高生は四百人で、青少年団体のメンバーは三十二人に及んだ。

原爆落下中心地碑前に置かれたロウソクにともす火を法王に渡したのは、国内外で活動する長崎の「高校生平和大使」の内山洸士郎だ。

「この火が平和な世界への第一歩となりますように」

こう祈りを込めた。

内山は二〇一九年六月にもバチカンで法王と面会している。その際に「活動を続けなさい」と激励され、核兵器廃絶の署名運動に取り組んできた。長崎では言葉を交わす機会は訪れなかったが、内山は「『自分の責務を全《まっと》うしなさい』というメッセージを受け取った」と力強く語った。

最後に蛇足ながら、ローマ法王フランシスコの長崎での「核兵器に関するメッセージ」に関して、共同通信の報道ぶりを簡単にまとめておく。

この日は夕刊のない日曜日であったが、午前中の段階で通常の原稿に加えて、号外用の記事を配信した。さらに約十四分の演説の間に、「番外」と呼ばれる短い速報記事を十一本打った。番外とはたとえば、「ローマ教皇（法王）フランシスコは、核兵器から解放された平和な世界を『数え切れないほどの人々が熱望している』と述べ、核廃絶の必要性を訴えた」といったようなもの。それから演説開始時には、共同通信の速報記事の中でも最大級のニュースを知らせるときに出す「フラッシュ」を使って「ローマ教皇フランシスコが被爆地長崎で核廃絶訴え」と伝えた。わたしは記者稼業十七年目だが、フラッシュを打ったのはこのときが初めてだった。

長崎でのミサに三万人の参列者

ローマ法王フランシスコの長崎訪問が実現した二〇一九年十一月二十四日、法王による長崎県営野球場でのミサは、午前中の雷雨が信じられないほどの青空が広がる中で執《と》り行われた。

国内外から詰めかけた三万人の参列者が、バチカンや法王の母国アルゼンチンの国旗、日の丸を振る。「パパモービレ」と呼ばれる専用のオープンカーに乗った法王が姿を見せると、大きな歓声が上がった。

場内を回った法王はパパモービレを止めては、赤ん坊や幼児を抱き上げ、頭をなでたりキスをしたりして祝福を与えた。

ここで行われた法王のスピーチは、ミサであるから当たり前だとは思うが、「核兵器に関するメッセージ」などと比べて幾分、宗教色が強いものになっているようだ。カトリック信徒ではない私には解説するだけの知識も見識も備わっていないと考えるので、ここはバチカンが「参考用」としてメディアに提供した日本語訳を紹介するだけにとどめ、この章を締めくくろうと思う。

次章では、もう一つの被爆地、広島で行われた「平和のための集い」と、そこから発せられた法王メッセージを詳しく読み解いていく。

「王であるキリストの祭日のミサ」

「イエスよ、あなたのみ国においでになるときには、わたしを思い出してください」
(ルカ23・42)

典礼暦最後の主日の今日、イエスとともに十字架につけられ、イエスが王だと気づき、そう宣言した犯罪人の声に、わたしたちも声を合わせます。栄光と勝利には程遠いそのときに、嘲笑《ちょうしょう》と侮辱《ぶじょく》の声高な叫びの中で、あの盗人は声を上げ、信仰を宣言しました。それは、イエスが聞いた最後のことばであり、御父にご自分をゆだねる前、イエスは最後にいいました。「はっきりいっておくが、あなたは今日わたしと一緒に楽園にいる」（ルカ23・43）。盗人の後ろ暗い過去は、一瞬にして新たな意味を得たかのようです。すなわち、主の苦悶《くもん》にしっかりと寄り添い、いつでもどこにおいても救いを差し出すという主の生き方を確かめるものとしたのです。カルワリオ、それは無秩序と不正義の場、無力と無理解が相まみえ、罪なき者の死の前で、無関心で自己を正当化する者たちの悪口とつぶやきが響く場です。それが、この悔い改めた盗人の姿勢によって、全人類にとっての希望の一語に変わるのです。苦しむ罪なき人への自分自身を救えというあざけりやわめき声は、決めぜりふにはならず、むしろ、歴史を作るまことの形として、心を動かされるに任せ、いつくしみによって決断する者たちの声を呼び起こすのです。

今日ここで、わたしたちの信仰と約束を新たにしたいと思います。あの悔い改めた盗人と同じく、わたしたちは、失敗、罪、限界ばかりの人生をよく分かっています。けれどもそれが、わたしたちの現在と未来を既定し、決定づけるものであってほしくありません。わたしたちは、「自分自身を救ってみろ」という軽々しい無関心の声で、面倒を避ける空気に自分も染まりがちなことを知っています。多くの罪なき者の苦しみを、ともに背負うことの大切さを忘れてしまうことも少なくありません。この国は、人間が手にしうる壊滅的な力を経験した数少ない国の一つです。ですからわたしたちは、悔い改めた盗人と同じように、苦しむ罪なきかた、主イエスを弁護し仕えるために、声を上げ、信仰を表明する瞬間としたいのです。主の苦しみに寄り添い、その孤独と放棄を支えたいと思います。そして今一度、救いそのものである、御父がわたしたち皆に届けようとするあのことばを聞きましょう。「あなたは今日わたしと一緒に楽園にいる」。

救いと確信――。それは、聖パウロ三木と同志殉教者、そしてあなたがたの霊的遺産に刻まれた無数の殉教者、彼らがそのいのちをもって勇猛にあかししてきたものです。わたしたちは彼らの足跡に従い、その一歩一歩を同じように、勇気を携《たずさ》えて歩みたいと思います。十字架上のキリストから与えられ、渡され、約束された愛こそが、あらゆるたぐいの憎しみ、利己心、嘲笑、言い逃れを打ち破るのです。そこに、よい行動や選択を前にして身をすくませる、無意味な悲観主義や、感覚を鈍らせる物的豊かさに、ことごとく勝利する力があります。第二バチカン公会議がわたしたちに思い出させてくれるとおりです。真理から遠いのは、この世には永遠の都はないといって、来る都を探し求めているつもりで地上での務めをないがしろにし、注意を怠る人です。まさに、告白する同じ信仰で、神に呼ばれた召し出しの崇高さを示し、それが透けて見えるほどにすべきなのです（第二バチカン公会議『現代世界憲章』43参照）。

わたしたちの信仰は、生きる者たちの神への信仰なのです。キリストは生きておられ、わたしたちの間で働かれ、わたしたち皆をいのちの完成へと導いておられます。キリストは生きておられ、わたしたちに生きる者であってほしいと願っておられるのです。このかたはわたしたちの希望です（使徒的勧告『キリストは生きている』1参照）。わたしたちは毎日こう祈っています。主よ、み国が来ますように。こう祈りながら、自分の生活と活動が、賛美となるよう願っています。宣教する弟子としての使命が、来るべきものの証言者や使者となることならば、わたしたちは、悪や悪行に身を任せてはいられません。反対にその使命は、神の国のパン種になるよう駆り立てるのです。家庭、職場、社会、どこであれ、置かれた場所でパン種となるのです。聖霊が人々の間に希望の風として吹き続けるための、小さな通気口となることです。天の国は、わたしたち皆の共通の目的地です。それは、将来のためだけの目標ではありません。それを請い願い、今日からそれを生きるのです。病気や障がいのある人、高齢者や見捨てられた人たち、難民や外国からの労働者、彼らを取り囲んで大抵は黙らせる無関心の脇《わき》で、今日それを生きるのです。彼らは皆、わたしたちの王、キリストの生きる秘跡なのです（マタイ25・31－46参照）。「もしわたしたちが本当にキリストの観想によって出発したのであれば、あのかたがご自分を重ねたいと望んだ人たちの顔に、あのかたの姿を見いださなければならない」（聖ヨハネ・パウロ二世使徒的書簡『新千年期の初めに』49）。

カルワリオでは、多くの声が沈黙させられました。他の大勢は嘲笑し、盗人の声だけがそれに逆らい、苦しむ罪なきかたを擁護できたのです。それは、勇気ある信仰宣言です。わたしたち一人ひとりが決断することです。沈黙か、嘲笑か、あるいは告げ知らせるか。親愛なる兄弟姉妹の皆さん。長崎はその魂に、いやしがたい傷を負っています。その傷は、多くの罪なき者の、筆舌に尽くしがたい苦しみによるしるしです。これまでの戦争によって踏みにじられた犠牲者たちは、さまざまな場所で勃発している第三次世界大戦によって、今日もなお苦しんでいます。

今ここで、一つの祈りとして、わたしたちも声を上げましょう。今日、このおそろしい罪を、身をもって苦しんでいるすべての人のために。

そして、あの悔い改めた盗人のように、黙りも嘲笑もせず、むしろ、自ら声を上げ、真理と正義、聖性と恵み、愛と平和のみ国を告げ知らせる者が、もっともっと増えるよう願いましょう。

第四章　広島から発した「核兵器保有も倫理に反する」

日米終戦に向けてのバチカン工作

ローマ法王フランシスコの到着を待つあいだ、広島市の平和記念公園は不思議な静寂に包まれていた。日はすっかり沈み、暗闇《くらやみ》があたりを覆《おお》っている。

本章では二〇一九年十一月二十四日夜に平和記念公園で開かれた「平和のための集い」について詳述するが、その前に、歴代ローマ法王たちと被爆地とのゆかりについて、いくつかのエピソードを紹介しておきたい。彼らはそれぞれの言葉で核兵器に反対し、一貫して被爆地に対して深い想いを寄せてきた。

「戦争は人間のしわざです。戦争は人間の生命を奪います。戦争は死そのものです」

歴代法王と被爆地の関《かか》わりといえばまず、法王フランシスコに先立つこと三十八年前の一九八一年に広島、長崎を訪れ核兵器を非難した、先々代のヨハネ・パウロ二世（在位一九七八〜二〇〇五年）に触れなければならないだろう。

広島市の平和記念公園から世界に向けて発表されたアピールには、多くの被爆者が心を揺さぶられたとされる。

とくに当時、カトリック信者の多い長崎では「被爆は神が与えた試練」とする考え方が根強く残っていたといい、自身の被爆体験を語ることは「神への愚痴になる」として、苦しみを黙って耐え忍ぶ人々がいたのだ。

そのような中、「キリストの代理人」であるローマ法王が被爆地を訪れ、原爆の投下は「神の摂理」などではなく「人間のしわざだ」と言明した。

ヨハネ・パウロ二世はこのとき、「広島と長崎は、人間が信じられないほどの破壊をできるということの証《あかし》として存在する悲運を担った町です」とも述べている。

こうして多くの被爆者たちが、自らの体験を語りだすのに背中を押された。

原爆投下から四十年となる一九八五年にもヨハネ・パウロ二世は「広島と長崎について語ることは、人間が他者に与えうる多大な痛みと恐怖、死について自覚することだ」と強い言葉を発し、被爆地にメッセージを送っている。

核時代最初のローマ法王となったピウス十二世（在位一九三九〜五八年）も原爆を「人類がこれまでに考え出した最も恐ろしい兵器だ」と激しく非難した。

ピウス十二世下のバチカンについては、太平洋戦争の終結を目指して、日本と米国の和平仲介を模索したことが外交史料などから明らかになっている。

広島と長崎に原爆が投下されることになる一九四五年八月を目前にした同年五月、ローマ法王庁の司教ヴァニヨッチは、駐バチカン日本公使館の関係者に『あるアメリカ人』

が和平問題について日本側と接触するため、私に橋渡しをしてほしいと申し出てきている」と打ち明けた。ヴァニヨッチは後に、法王の最高顧問である枢機卿《すうききょう》に就任するバチカンの重要人物だ。

ヴァニヨッチは日本側に「戦争が続けば日本本土の人々や物に甚大《じんだい》な被害が出る」と述べ、和平協議に応じるよう強く迫ったという。

日本の外務省によると、このときの米国側からの申し出の内容は、ソ連の極東進出への警戒感から日本に複数の休戦条件を提示するものだった。

しかし当時の駐バチカン公使、原田健《はらだけん》はこの「あるアメリカ人」の素性や目的が明確ではなく、そのような人物と交渉を行うことはできないと判断したそうだ。

「あるアメリカ人」は、米中央情報局（CIA）の前身である特務機関、戦略諜報局《ちょうほうきょく》（OSS）のメンバーだったことが後に判明しているが、ともかく、このバチカンの和平工作は実を結ばず、日米両国の具体的な交渉入りにはつながらなかった。

このことを一九七〇年代に報じたイエズス会の機関誌「チビルタ・カットリカ」はバチカンのこうした試みに関して、成功していれば広島に原爆が投下されるのは回避できたとの見方を示している。

ヴァニヨッチの動きが法王ピウス十二世の命を受けてのものだったのかどうかははっき

りしない。しかし、もしそうだとすれば、核兵器を激しく非難した法王の言葉の裏には、和平を実現させられなかったことへの忸怩《じくじ》たる想いがあったとも想像できるのである。

法王庁は二〇二〇年三月二日、長年非公開としてきたピウス十二世に関する膨大な量の機密文書の公開を始めた。第二次世界大戦中のナチス・ドイツによるユダヤ人大量虐殺（ホロコースト）を黙認したとして、「ヒトラーの法王」とも呼ばれることがあるピウス十二世の実相に迫るべく、各国の研究者が調査に乗り出している。私も本稿執筆時点で閲覧申請の手続きを進めているところである。

文書公開を決めた際、法王フランシスコは戦時中に関し「間違いなくきわめて困難で、苦しい決断を迫られた時代だ。（ピウス十二世を）消極的だと受け止めた人もいるかもしれない」と述べ、複雑な胸中をうかがわせた。フランシスコはこのとき、「教会は歴史を恐れていない」とも語っている。

核廃絶を求める不変の糸

ピウス十二世に続くローマ法王ヨハネ二十三世（在位一九五八～六三年）は、核実験が「地球の多くの生命に深刻な危険を及ぼすと恐れるには理由がある」と訴え、核兵器そのものの禁止を求めた。彼の在位中には、米英ソに続き、カトリック信者が多数を占めるフランスが一九六〇年に初の核実験を行っている。

ヨハネ二十三世は長崎との深いゆかりがある。

一九四五年八月九日に原爆を長崎に投下した米B29爆撃機「ボックスカー」の機長、故チャールズ・スウィニーが、一九六〇年代初めにヨハネ二十三世に謁見《えっけん》しているのだ。これは共同通信記者として長年核問題を追い、現在は国際原子力機関（IAEA）本部があるウィーンの支局長を務める土屋豪志の取材で明らかになった。

土屋に対する機長の遺族の証言によると、敬虔《けいけん》なカトリック信者だったスウィニーはバチカンで「個人的な謁見」を許され、その場で被爆地の復興支援を要請した。被爆で全壊後、再建された長崎の浦上天主堂《うらかみてんしゅどう》への追加支援などを求めたという。ただローマ法王庁のプレス担当者は公式記録による確認は困難としており、ヨハネ二十三世がどのような対応を取ったかも残念ながら分かっていない。

その後のローマ法王たちも強い言葉で核兵器を代々、批判してきた。

一九六五年に法王として初めて国連総会で演説したパウロ六世（在位一九六三～七八年）は「近代科学が生みだした恐ろしい兵器は、犠牲や破壊をもたらす前でさえ、悪夢や敵意を生み出す」として、使用せずとも、その存在そのものが悪なのだと投げかけた。

歴代法王の「核兵器に関する発言」と「被爆地との関係」

法王 (在位)	発言	関係
ピウス 12 世 (1939 ～ 58 年)	「人類がこれまでに考え出した最も恐ろしい兵器だ」	核時代最初の法王。バチカンが原爆投下前、太平洋戦争の終結を目指して日米の和平仲介を模索
ヨハネ 23 世 (1958 ～ 63 年)	「地球の多くの生命に深刻な危険を及ぼすと恐れるには理由がある」	長崎に原爆を投下した B29 爆撃機の機長が謁見
パウロ 6 世 (1963 ～ 78 年)	「近代科学が生み出した恐ろしい兵器は、犠牲や破壊をもたらす前でさえ、悪夢や敵意を生み出す」	
ヨハネ・パウロ 2 世 (1978 ～ 2005 年)	「広島と長崎について語ることは、人間が他者に与えうる多大な痛みと恐怖、死について自覚することだ」	1981 年、広島と長崎を訪問。広島・平和記念公園から世界に向け、「戦争は（神が与えた試練ではなく）人間のしわざ」とアピール
ベネディクト 16 世 (2005 ～ 13 年)	「核戦争に勝者はなく、犠牲者しかいない」	
フランシスコ (2013 年～　　)	「核兵器の保有だけでも断固として非難されるべきだ」	2019 年 11 月、長崎と広島を訪問。両被爆地からメッセージを発信

冷戦終結後の核不拡散の取り組みの停滞を批判したヨハネ・パウロ二世の後を継いだベネディクト十六世（在位二〇〇五～一三年）も「核戦争に勝者はなく、犠牲者しかいないだろう」とし、核軍縮に向けた保有国の協調を求めている。

現ローマ法王フランシスコの被爆地訪問が迫った二〇一九年十一月十五日、バチカン報道官のマッテオ・ブルーニはローマで記者会見を開いた。歴訪するタイと日本について、事前にさまざまな情報をメディアに伝えるためだ。

ここでブルーニは集まった各国の記者たちを前に、歴代ローマ法王の核兵器に関する発言を詳しく紹介し、こう強調してみせた。

「ローマ法王たちは平和と核廃絶を求める不変の糸でつながっており、この立場から外れた法王はこれまでに、ただの一人もいない」

法王に向けられた被爆者の言葉

二〇一九年十一月二十四日夜の平和記念公園に話を戻そう。

世界最初の原子爆弾投下により壊滅した広島市に、平和都市としての再建を念願し建て

広島・平和記念公園に到着し、参列者に挨拶

られた原爆死没者慰霊碑。そのアーチ型のモニュメントに光が当てられ、暗闇に浮かび上がった。さらにその向こうには被爆地の象徴、原爆ドームがそびえている。

荘厳な雰囲気が漂う中、ローマ法王フランシスコが姿を見せた。

穏やかな笑みをたたえた法王は、出迎えた式典参列者一人一人と時間をかけて言葉と握手を交わしていく。

演台につくとペンを取り、英語でメッセージを書き記した。

「平和の巡礼者として、この地の歴史に残るあの悲惨な日に傷を負い、亡くなったすべての人と連帯して悼《いた》むためにここにやってきました。命の神が（私たちの）心を平和、和解、兄弟愛へと変えてくださるよう祈ります」

そうして法王は被爆者たちのもとへ歩み寄った。両手をしっかりと握り、言葉をかけていく。しばらくのあいだ、額を寄せ優しく肩を抱かれた女性は体を震わせ、目元を拭《ぬぐ》った。

慰霊碑に花を捧げた法王は、長崎で行ったのと同じようにこうべを垂れ、一分以上にわたって目をつむった。バチカンから持参したロウソクに火をともし、再び黙禱《もくとう》する。

鐘《かね》の音が八回にわたって響いた。

この「平和のための集い」では、法王が演説するのに先立って、被爆者による証言も行われた。ここで話された被爆者の言葉は広く共有されるべきものだと考えるので、ここに掲載する。

なお以下は、実際の証言をベースに、事前に用意されていたテキストの内容も加味して筆者が再構成した。ＶＡＭＰ（法王外遊同行記者団）には日本語版のほかイタリア語版と英語版のテキストも配布された。

法王はそれまでに浮かべていたほほえみを消し、証言者をじっと見つめて、耳を傾けた。

私は梶本淑子《かじもとよしこ》と申します。原子爆弾が投下された時、十四歳、中学三年生でした。爆心地より二・三キロ北で、飛行機のプロペラ部品を造る作業中に被爆しました。

窓に真っ青な光がパアーと流れ、爆弾だと思った瞬間、大音響とともに工場は倒壊し、建物の下敷きになり気絶してしまいました。友達の悲鳴で気が付き、辺《あた》りはまっ暗で、材木、瓦礫《がれき》に埋まり身動きできません。私の下に友達が居る事が分かり、声をかけ生きている事を確認し、脱出を試みますが右足が材木に挟まって抜けません。無我夢中で這《は》い出し、思い切り引き抜いた時、向《む》こう脛《ずね》は裂け、大量の出血がありました。腕にはガラスが刺さり大けがでした。屋外に出ると周囲の建物はすべて破壊され、夕方のように暗く、魚が腐った様な臭いがしていました。

まもなく近所から火災が起き、歩けない友達を担架に乗せ避難していきました。その途中、来る人来る人が真っ赤に焼かれ、男女の区別も分からない、髪は逆立ち、顔は倍くらい腫《は》れ、唇は垂れ下がり、両手を前に出し、その先には焼けただれた皮がぶら下がって、人の姿ではありませんでした。お化けの様な人達が並んで来ます。この世の人とは思えない地獄の光景でした。

翌日には死体が腐り始めました。至る所で白い煙が立ち、広島は火葬場です。人を焼くくさい臭いが体や服に染みつき、当分とれませんでした。三日後、帰宅する途中、偶然父と出会いました。本当にうれしかったです。父は三日間、死体をめくって私を探してくれたそうです。しかし、父はその時浴びた放射線の影響か、一年半後、吐血して亡くなりました。私は帰宅後、高熱が出て歯茎から大量の出血がありました。

母は二十年間苦しみながら、原爆症で亡くなりました。私は一九九九年に癌《がん》のため、胃を三分の二摘出しました。友人の多くも、癌で亡くなりました。また放射線のため、七十四年たった今も、白血病、癌で苦しんでいる人がいます。このように恐ろしい悪魔の核兵器は、この地球上に存在してはならないのです。この苦しみを子供た

被爆者の証言を聞く。広島・平和記念公園で

ちや世界の誰にもさせてはなりません。そのためにも各国の指導者はぜひ広島の資料館に来てください。そして被爆者の体験を聞いてください。それでも核は必要ですか。一人の力は小さいですけど、平和を願う多くの人の力と、亡くなった人の魂によって、核は必ず廃絶されるものと確信しております。そのために日夜、証言活動に携《たずさ》わっております。ありがとうございました。

この証言は、法王フランシスコにしっかり届いたものと思う。

私自身、被爆者の体験をじかに聞き、心を揺さぶられた。小学校の授業などで原爆のことを習い、その恐ろしさをよく分かっているつもりになっていたが、そうではなかったことを思い知った。また自分が二人の娘の父親になってみて初めて感じたこともある。三日間にわたり、積み重なった死体の中から娘を探すという地獄の体験をさせられた人々が現実にいたのだ。この証言者の女性は、父親が突如大量の血を吐き亡くなったのは、放射線まみれの町で自分を探し続けたせいだと考え、被爆から七十四年たった今でも自責の念に苛《さいな》まれているという。

「各国の指導者はぜひ広島の資料館に来てください」

この被爆者の言葉は、法王フランシスコにも向けられたものだったろう。

今回の法王訪日で残念だった点の一つは、その滞在日数の短さだ。長崎、広島の両被爆地を東京からの日帰りで訪れるという日程はどうにかならなかったものかと思う。長崎でも広島でも、法王が原爆資料館を見学する時間は取られなかった。とくに広島での行事はこの「平和のための集い」のみであり、法王にとっての被爆地体験は約五十分の平和記念公園の滞在がすべてであった。

それからもう一つ付記しておきたいのは、この日、平和記念公園で、さらに一人、九十一歳の男性被爆者が証言を行う予定であったのに、体調不良のために出席がかなわず代読となってしまったことだ。長い歳月がたち、あの日の惨状を知る人々が将来の世代に向けて、その実体験を伝えていくのが難しくなっていることを示す象徴的な出来事だったように思う。

「声を発しても耳を貸してもらえない人々の声に」

ローマ法王フランシスコによる、柔らかな語り口のスピーチが始まった。

「ここで大勢の人が、その夢と希望が、一瞬の閃光《せんこう》と炎によって跡形もなく消され、影と沈黙だけが残りました。一瞬のうちに、すべてが破壊と死というブラックホールに飲み込まれました。その沈黙の淵から、亡くなった人々のすさまじい叫び声が、今なお聞こえてきます」

穏やかな口調とは裏腹に、並んでいくのは力強い言葉だ。

「わたしは平和の巡礼者として、この場所を訪れなければならないと感じていました」

ローマ法王としての被爆地訪問は自らの義務だと明言した法王フランシスコのメッセージは、各国の為政者たちにも向けられた。

「戦争のため最新鋭で強力な兵器を製造しながら、平和について話すことなどどうしてできるでしょうか」

「差別と憎悪に満ちた演説によって間違った行いを正当化しながら、どうして平和について話せるでしょうか」

「紛争の正当な解決策であるとして、核戦争の脅威で威嚇《いかく》することに頼りながら、どうして平和を提案できるでしょうか」

軍備拡張によって他国を威嚇し、憎悪を煽《あお》りながら平和について語ることの欺瞞《ぎまん》を指弾し、「国々の運命に対し、今、特別な役割を負っている人々の良心」に問いかけ、はっきりと「真の平和とは、非武装の平和以外にあり得ない」と言い切ったのだ。

ここでは長崎での演説と同様に、次世代に平和の思いを託そうとする悲愴《ひそう》とも思える決意もにじませた。

被爆地の広島を訪れたのは現代社会の人々の願いと望みを胸に祈るためだと語り、「とくに若者たち、平和を望み、平和のために働き、平和のために自らを犠牲にする若者たちの願いと望み」を胸にしつつ祈るのだと力を込めた。

広島を「記憶と未来にあふれた場所」と表現し、「私はここに、貧しい人たちの叫びも携えてきました。貧しい人々はいつの時代も、憎しみと対立の無防備な犠牲者だからです」と言葉を紡《つむ》ぐ。

さらに、これが法王フランシスコを突き動かす原動力なのだと得心できる、心情がよくこもっていると感じるメッセージが続いた。

「私は謙虚な気持ちで、声を発しても耳を貸してもらえない人々の声になりたいと思います。現代社会が直面する増大した緊張状態を、不安と苦悩を抱えて見つめる人々の声です」

これは、被爆者にとどまらず、今このときも戦争や圧政、災害、貧困に苛まれ苦しんでいる世界中の人々の声を代弁したいとの意思表示だろう。

未来を見据えた法王の語りは、熱を帯びていく。

「現在と将来の世代が、ここで起きた出来事を忘れるようなことがあってはならない」

「これからの世代に向かって、二度と繰り返さないと言い続ける」

若者や子どもたちに向けた言葉を重ね、核兵器がもし今後、再び使われるようなことがあった場合にはと前置きし、こう訴えた。

「次の世代の人々が、わたしたちの失態を裁く裁判官として立ち上がるでしょう」

「使用」のみならず「保有」にも言及

ローマ法王フランシスコが広島で行った演説の中で、とくに注目すべきなのは次の一節だろう。

「原子力の戦争目的の使用は倫理に反する。同様に、二年前にも述べたように、核兵器を保有することも倫理に反する」

この部分は事前に用意されていた原稿には「原子力の戦争目的の使用は倫理に反する」という記載しかなかった。つまりここでは当初、核兵器の使用についてのみ批判するはずだったのが、実際に演説を行うという段階になって、「核兵器の保有」への非難が付け加えられたということだ。おそらく保有にまで言及することにはバチカン内部でも慎重論があったはずだが、最終的に発言がなされたというところに、法王の強い意志を感じる。

自ら「二年前にも述べたように」と言っているように、確かに法王は二〇一七年十一月十日にバチカンで、歴代のノーベル平和賞受賞者や被爆者と面会した際、「核兵器の保有だけでも断固として非難されるべきだ」とはっきり述べている。

歴代法王たちがそれぞれの言葉で核兵器に反対してきたのは前述の通りだが、ローマ法王が「核兵器の保有」までを明確に批判したのは、歴代の中でも実はこのときが初めてのことだった。法王フランシスコ自身も、それまで「核抑止力」に否定的な姿勢は示してきたものの、ここまで踏み込んだ発言はしていなかったのだ。

ローマ法王庁はこのとき、「法王が核保有を初めて批判した」ということを積極的には広報しようとはしなかったのではないかと私は思っている。共同通信の取材に法王庁は「バチカンは常に核兵器の使用については非難してきたが、単なる保有に関しては今回の批判が初めてである」と回答はしたが、カトリック教国などへのハレーションの大きさを考え、「初めて」という部分についてはわざわざ目立たせて公表しようとは考えていなかったのではないか。

以上のようなことからも、広島の平和記念公園でのスピーチで「核兵器を保有するだけで倫理に反する」と発言したのは、法王フランシスコ個人の確固たる思い入れに基づいてのことだったと推測されるのである。

三十八年前の一九八一年に訪日し、核兵器の使用は許されないとした先々代のヨハネ・パウロ二世も、被爆地で保有については触れなかった。のみならずヨハネ・パウロ二世は「均衡に基づく核抑止は、核廃絶に向けた一つの段階としては倫理的に受け入れられる」とまで述べている。

これを踏まえるとやはり法王フランシスコの二〇一七年の発言は、バチカン、すなわちローマ・カトリック教会の立場を大きく転換させるものであり、カトリック信者の多い核保有国にとっては大きな衝撃になり得るものだったに違いない。

二〇一七年の発言が被爆者らとの面会という個別の場で行われたものだったのに対し、今回、被爆地訪問という国際的に注目された公の場で、カトリックのトップであるローマ法王が、核兵器は使用しなくとも保有だけで非難されるべきだと表明したのだから、その影響力の大きさは計り知れない。

これは後述するが、法王は日本からバチカンへと戻る特別機で開いた記者会見で「核兵器の使用と保有は倫理に反する」ということを、カトリック教会の信者に対する教理の手引「カテキズム」に盛り込むとも言明した。カトリック教徒にとってきわめて重い意味を持つ発言だ。

フランス紙ルモンドによれば、フランス政府は法王フランシスコの被爆地訪問に先立ち、ローマ法王庁に政府関係者を送り込んでいた。法王が被爆地で核保有や核抑止には倫理的正当性がないとのメッセージを出し、核武装の解除を各国に呼び掛ける見込みであると察知し、法王が考えを変えるように説得を試みたのだという。政府関係者がカトリック教会は安全保障の全体像を理解していないのではないかとの趣旨の発言をしたところ、法王は「何を根拠に核が安全を保障するのか」と反問した。

カトリック信者が多くを占めるフランスで、同国の教会は核兵器について一九八三年以来公式見解を示していない。さまざまな意見を一致させるのは困難といい、今回の法王訪日に際しても対応に苦慮したことは想像に難くない。

プロテスタントが多い米国にしても、カトリック教徒が二割を占めており、現場の米兵には、「核兵器を保有する米軍の兵士」である自分と、核兵器の保有を認めない法王フランシスコをトップとする「カトリック教会の信者」としての自分との狭間《はざま》で苦悩する者が増えているという話もある。

被爆国が抱える矛盾

翻って、法王フランシスコのメッセージは日本の首相、安倍晋三には響いたのであろうか。

日本政府の核廃絶に対する姿勢が後退していることは第三章で述べた。法王は日本が参加していない核兵器禁止条約の名前も挙げて、世界各国の指導者に緊急の対応を取るよう求めた。

法王の被爆地訪問前には、二〇一七年のノーベル平和賞授賞式で被爆者として初めて演説したサーロー節子や、同賞受賞の非政府組織（NGO）核兵器廃絶国際キャンペーン（ICAN）の事務局長ベアトリス・フィンが相次いで法王に会い、核兵器禁止条約にすべての国が署名するよう指導者らに働き掛けてほしいと要望した。その通りの訴えを行った法王の言葉に日本政府は真剣に耳を傾けたのか。

法王が被爆地訪問した翌日に、官房長官の菅義偉は記者会見し、米国の「核の傘」に依存する日本の安全保障政策に変わりはないと表明した。「日米安保体制の下で核抑止力を含めた米国の抑止力を維持、強化していくことはわが国の防衛にとって現実的で適切な考え方だ」と言い切っている。

安倍晋三は同じ日、首相官邸で法王フランシスコと会談し、「日本とバチカンは平和、核なき世界の実現を重視するパートナーだ」と述べた。それに続くスピーチでも「日本は唯一の戦争被爆国として、核兵器のない世界の実現に向け国際社会を主導する使命を持っている」「核保有国と非核保有国の橋渡しに努め、双方の協力を得ながら対話を促す」と語っている。

歴史上唯一の戦争被爆国が唯一の核兵器使用国の「核の傘」に守られ、さらに核抑止力を強化していく方針であること。同時に、「核なき世界」の実現に向けて国際社会を主導していくこと。この二つは、どのように考えれば矛盾せず並立するのであろうか。

法王が広島で強調した「核戦争の脅威で威嚇することに頼りながら、どうして平和を提案できるでしょうか」との言葉は、残念ながら日本という国の「運命に対し、特別な役割を負っている人々の良心」には届かなかったようだ。

ここで再び蛇足ながら、二〇一九年十一月二十四日に共同通信が配信した記事のラインナップについて簡単にまとめておく。つまり翌二十五日の朝刊紙面用に各新聞社に流された原稿のことだ。

共同通信の加盟新聞社に提示されたこの日の出稿メニュー表の記事概要には「ローマ教皇フランシスコは長崎と広島を相次いで訪問し演説、核廃絶を訴えた。長崎では『核兵器のない世界を実現することは可能であり必要不可欠だと確信している』と強調。広島では核兵器を含む大量破壊兵器の保有や核抑止も否定した」とある。

これらの内容を盛り込んだ号外用や一般紙面用の記事を含み配信されたのは計二十八本。世界で進まない核軍縮に強い危機感を抱いていることが法王スピーチの背景にあると書いた「解説」のほか、「被爆者反応」、「『焼き場に立つ少年』撮影者の家族の思い」「高校生平和大使、核廃絶に新たな決意」「長崎市長談話」「広島市長談話」「在韓被爆者もミサ参加」「教皇演説全文」「教皇演説要旨」などの記事が並んだ。

「表層深層」と銘打ち共同通信がほぼ毎日配信している看板〝読み物〟の枠でも記事を配信した。この原稿の概要説明には「ローマ教皇が被爆地から核廃絶を訴えた。被爆者が減り続ける中、二十代から思いをはせ続けた地で世界に警鐘を鳴らし、平和への思いを若者たちに託した。だが核廃絶への国際社会の動きは鈍い」とある。

さらにはオピニオン欄用の特別寄稿も配信。概要は「ローマ教皇のメッセージを長崎の爆心地で聞いた『長崎県被爆者手帳友の会』の朝長万左男会長が被爆者として、また被爆者医療に長年尽力してきた科学者としての感慨をつづった」と説明している。

これらに加えて関連で配信された写真は計八十五枚。グラフィックスと呼ばれる表や図解も出稿されている。ちなみに法王の日本訪問中に共同通信が打った関連の「番外」(速報)は四十五本。被爆地から私が打ったものだけで十六本と「フラッシュ」(最大級のニュースを知らせる速報)一本に及んだ。

分量の多さからいって、以上の記事や写真をすべて紙面に収録してくれた新聞社は存在しないだろうが、共同通信としては法王の被爆地訪問が、これだけの大量出稿をする価値がある、歴史的な出来事だと判断した結果だった。

二十五日付の朝刊では、北は北海道から南は沖縄県までの少なくとも計二十八の新聞社が、私の書いた原稿を一面トップに据えてくれた。この日に共同通信配信の関連記事を使ってくれた新聞社は優に五十を超えた。

厳しい現実との乖離

この章の締めくくりにはやはり、広島平和記念公園での法王スピーチを引用したい。

差別と憎悪が広がり、各国の指導者たちが軍備拡張を推し進め、世界の平和を実現するための話し合いは空回りし続けていると、法王フランシスコは冷静に指摘していく。「核兵器から解放された平和な世界」を「理想」と呼ぶ法王自身が、厳しい現実との乖離《かいり》を最も感じているのだろう。

「だからこそ、私たちは、ともに歩むよう求められているのです。理解と赦しのまなざしで、希望の地平を切り開き、現代の空を覆うおびただしい黒雲の中に、一条の光をもたらすのです」

「希望に心を開きましょう。和解と平和の道具となりましょう」

並べられていく前向きなメッセージは、やがて、理想を現実へと変えるための、鬼気迫るとも言える言葉につながっていく。

「神に向かい、すべての善意の人に向かい、一つの願いとして、原爆と核実験と、あらゆる紛争のすべての犠牲者の名によって、声を合わせて叫びましょう」

「戦争はもういらない！」

「兵器の轟音《ごうおん》はもういらない！」

「こんな苦しみはもういらない！」

わたしたちの時代に、わたしたちがいるこの世界に平和が訪れますようにと法王フランシスコは繰り返す。そして人類史で最初の被爆地となってしまった広島での演説の最後にこう呼びかけた。

「主よ、急いで来てください。破壊があふれた場所に、今とは違う歴史を描き実現する希望があふれますように。平和の君である主よ、来てください。私たちをあなたの平和の道具、あなたの平和を響かせるものとしてください！」

第五章　原発、難民受け入れ、死刑制度

「無関心と闘う力のある文化を」

この章では、二〇一九年十一月二十五日にローマ法王フランシスコが東京のさまざまな場で発したメッセージに焦点を当てる。

この日、なんといっても報道的に大きな扱いとなったのは東日本大震災の被災者らと開いた集いで行われたスピーチだった。当初は法王が福島を訪問することも検討されたというが、日程的な都合で実現しなかったらしい。

集会について記す前に、「東日本大震災」の呼称について簡単に触れておく。ローマ法王庁が法王フランシスコの訪日スケジュールを発表した際、この日の日程のところには「三つの大規模災害の被害者との集会」と記載されていた。

「三つの大規模災害」とはむろん、「地震、津波、東京電力福島第一原発事故」のことを指す。法王自身も日本に到着した十一月二十三日の演説で「三つの大規模災害」という呼び方を使っていたので、法王もバチカンも、大震災を三つの複合的な災害だったとみていると考えていいだろう。

二十五日朝に開かれた集会では、法王フランシスコは、被災者三人がそれぞれの体験を壇上で語るのを聞いた後、岩手や宮城、福島などから集まったという約百五十人を前に、いつもの穏やかな口調で話し始めた。

「みなさんは三つの大災害、つまり地震、津波、原発事故によって、言い表せないほどの本当につらい思いをしたすべての人を代表している」

こう指摘した上で法王は、東日本大震災は東北地方だけでなく「日本全土と全国民に影響を及ぼした」と述べた。証言を行った三人に「自分の言葉と姿で大勢の人が被った悲しみと痛みを、そして、よりよい未来に広がる希望を伝えてくれて、ありがとう」と謝意を表明した。それから「一万八千人にも上る亡くなられた方々、遺族、いまだ行方の分からない人々のために祈りましょう。わたしたちを一つにして、希望を持って前を見る勇気を与えてくれる祈りとなりますように」と述べると、こうべを垂れ、瞑目《めいもく》した。

祈りを捧げた後、法王の言葉は「もう忘れられてしまったと感じている」被災者たちに向けられていく。

「これらの悲劇に見舞われた人々が引き続き必要な支援を受けられるように、この集いが心あるすべての人に訴えかけるものとなりますように」

さらに「一人で復興できる人はどこにもいません。誰も一人では再出発できません」と述べたあと、被災者を勇気づけるメッセージをつないでいった。

「災害から八年のあいだ、日本は連帯感や根気強さ、粘り強さ、不屈の精神を持って団結できるということを示してきました」

「完全な復興までは長いかもしれません。しかし、助け合い、頼り合うために一致できるこの国の人々の魂をもってすれば、必ず果たすことができます」

これらの力強い励ましを被災者たちがどのように受け止めたかは分からない。しかし法王のメッセージは被災者だけでなく、地球上のすべての人に向けられていた。

「わたしたちはこの地球の一部であり、究極的にはすべてが互いに関係しあっています」

「無関心と闘う力のある文化をつくっていくために、働き、歩むことです」

「われわれの最も大きな罪悪の一つは、無関心の文化と関係があります」

「家族の一人が苦しめば家族全員が共に苦しむという自覚を持てるよう、力を合わせることが急務です」

全人類は家族であり、皆が自分のこととして、復興と再建に取り組まなければならないと訴えた。「多くの手と多くの心を一つに一致させなければ」ならず、そうして初めて「苦しむ被災者たちは、自分たちが忘れられていないと知るはずです」。

復興支援に携わってきた人々への謝意も示すと、法王フランシスコはすべての人が未来に希望と安定と安心を得られることを望むと述べ、演説をこう締めくくった。

「わたしのために祈ってください。神様があなたと、あなたの愛するすべての人に、知恵と力と平和という祝福を与えてくださいますように」

反原発の表明はなし

この日のスピーチで、私が注目していた点の一つは法王フランシスコが原子力発電の是非に言及するかどうかだった。

ローマ法王庁、すなわちバチカンはこれまでに、原発に対する立場を明確には示してこなかった。法王がタイと日本歴訪に出発する直前に、バチカン報道官マッテオ・ブルーニが記者会見を開いた際にも、私は法王庁の原発に対する賛否について質問したが、はっきりとした答えは返ってこなかった。

考えてみれば、世界最小の国であるバチカンに原発を建てるのは物理的に不可能である。国家としてはわざわざ賛否を明らかにする必要はないのかもしれない。

ローマ法王は近代イタリアの統一に伴い全領土を失ったが、一九二九年にムッソリーニ政権とローマ法王庁が和解しバチカン市国が成立した。国の南東端にそびえ立つシンボル、サンピエトロ大聖堂は、キリスト十二使徒の筆頭で初代法王とされるペテロの墓があった場所である「バチカンの丘」に建てられた。

バチカン市国の国土面積は東京ディズニーランドよりも狭い〇・四四平方キロメートル。日本の経済産業省資源エネルギー庁によると、百万キロワット級（原発一基分の標準的出力）の原発をつくるのに必要な敷地面積は約〇・六平方キロメートルというから、やはり無理だ。

バチカンを地理的に内包するイタリアは脱原発を決め、二〇一九年十二月現在、国内に稼働している原発はない。しかし隣の原発大国フランスから電気を輸入しており、このあたりの事情は複雑である。ローマ法王庁が積極的に原発への立場を表明しなくとも不思議はない。

ただ福島第一原発事故後、脱原発を訴えている日本のカトリック中央協議会は、この日、法王が「原発反対」の姿勢を打ち出すことに強い期待をにじませていた。集会が始まる前の挨拶《あいさつ》では、教会関係者から実際にそうした趣旨の発言もあった。

だが結論から言うと、集会で法王が原発への立場を明確にすることはなかった。国策として原発再稼働を推進する日本政府に気を遣ったのかどうかは分からないが、奥歯に物が挟まったような言い方に終始したのだ。

福島県から東京に自主避難してきたという高校生の証言に触れながら、

「汚染された田畑や森林、放射線の長期的な影響など、継続的な問題を突き付けられている人も少なくありません」

「最初の一歩は、天然資源の使用、とくに将来のエネルギー源に関して、重大な決断がなされなければならない」

といった発言はあったが、法王やバチカンの考えとして、はっきりと原発をやめるべきだとするような主張は最後まで聞かれなかった。

現代社会が抱える戦争や難民、食料、経済格差、環境の問題に関して、それぞれを切り離して個別に対処しようとするのは「大きな間違い」だと強調した文脈では、以下のようなことを述べている。

「この意味で特別に思い起こしたいのが、福島第一原子力発電所の事故とその余波です。科学的、医学的な懸念に加えて、社会構造を回復するという、途方もない作業もあります。地域社会で社会のつながりが再び築かれ、人々がまた安全で安定した生活が送れるようにならなければ、福島の事故は完全に解決されません。これが意味するのは、わたしの兄弟である日本の司教たちがいみじくも指摘した、原子力の継続的な使用に対する懸念であり、司教たちは原子力発電所の廃止を求めました」

繰り返すが、ここでは「原子力発電所の廃止」を求めたのは日本の司教団だとは述べているが、法王としての意見もバチカンの立場も明確にはされていない。

これについては第六章で詳しく取り上げる。ともかく、このときのスピーチでは法王は「立ち止まり、振り返ってみることも大切です」と述べ、科学技術への過信に警鐘《けいしょう》を鳴らすにとどめたのであった。

若者を前にアドリブで

ローマ法王フランシスコが日本に滞在したあいだに行ったスピーチは、その大半が事前に用意された原稿を読み上げる形で行われた。広島市の平和記念公園での演説のように、「核兵器の保有は倫理に反する」と急きょ発言が付け加えられたケースもあったが、基本は「台本通り」に進められた。

そのような中で、飛び抜けて多く法王のアドリブが飛び出したのが二〇一九年十一月二十五日昼に東京カテドラル聖マリア大聖堂で開かれた「若者との集い」でのスピーチだった。

実は法王は今回の訪日に限らず、子どもや若者を前にすると原稿を脇《わき》に置き、即興の言葉を織り交ぜ語りだすことが多いのだ。

バチカンの国旗を振った学生らに出迎えられると、法王はうれしそうな笑顔で応えながら会場に入った。法王の姿を撮影しようとスマートフォンをずらりと構えた若者たちが大歓声を上げ、「パパ、フランシスコ」のコールを繰り返した。「Papa」（パパ）はイタリア語で「法王」を意味する。二番目のaの上にアクセント記号がつくと、一般的な「お父さん」という意味に変わる。

高齢の法王の身体に、過密スケジュールがこたえないはずはない。それでも精力的に日程をこなし、平和の活動を続けられるのは、もちろん使命感もあるだろうが、こうした人々の歓声を自分の力に変えられるからなのだろうと思う。

壇上に上った三人の若者が証言者として、自らの体験を交えて、いじめや差別などの問題についてスピーチしていく。法王は一人が話し終えるごとに、しっかりと握手をし、はじけるような笑顔を見せながら、証言者を励ますように何事かの言葉をかけていった。

さらに自らの演説を始めると、この日もさっそくアドリブを連発し始めた。

傍《かたわ》らで通訳するイエズス会日本管区長で法王の弟子でもあるレンゾ・デ・ルカを指さし「テキストにない部分は彼が訳しますから」と笑うと、後は止まらなかった。

フィリピンから小学四年生のときに日本に移住してきた若者が「デブ」と言われ、いじめられた体験を打ち明けたことを受けては即興で、

「他人を傷つけたり攻撃したりする人がいれば、その人こそが弱虫なのです。デブだと言われたら、『お前みたいにやせているほうがかっこわるいぞ』と言い返してやりなさい」とアドバイス。いじめる側に回る人間は、実はおびえていて、見せかけの強さを装っているだけだと力説した。

ほかにも「一つここで言いたい」と前置きして、「自分自身ばかりを見ないようにしてください。鏡の中ばかり見ていると割れる危険性がありますよ」などと茶目っ気たっぷりに言う場面も。「貧しさ」や「孤独」について真剣に話していたかと思うと「つまらないですか?」「もう少しで終わりますからね」「(長時間話を聞いている) 忍耐に感謝します」と呼びかけて笑いを誘った。

難民受け入れを求めて

法王フランシスコはこの「若者との集い」で難民の受け入れ問題についても言及している。

「とくにみなさんにお願いしたいのは、友情の手を広げて、ひどくつらい目に遭って、みなさんの国に避難してきた人々を受け入れるということです。実際、少人数の難民の方々が、今ここにわたしたちと一緒にいます。みなさんの思いやりが、この人たちはよそ者ではないということを示しています」

短い言葉ながら、率直な気持ちがストレートに伝わってくる。

法王フランシスコは自らが、アルゼンチンに渡ったイタリア系移民の家庭に生まれたかということもあるのか、難民や移民への関心を強く持っている。

法王就任直後の二〇一三年七月にはイタリア南部ランペドゥーザ島を訪れ、地中海で遭難死した不法移民らを追悼した。この島は、透明度の高い海が広がる絶景リゾートでありながら、同時に周辺でアフリカなどからのすし詰めの密航船が沈没する死亡事故も相次ぐ「天国と地獄が隣り合わせ」の場所だ。法王は二〇一四年十一月には欧州議会で演説し「地中海が大きな墓場となることは認められない」と述べ、結束した難民支援を訴えている。

二〇一六年四月には、アフリカや中東から難民らが殺到しているギリシャ東部レスボス島を訪れ、法王特別機にシリア人難民の三家族、計十二人を乗せてバチカンに連れ帰った。同六月にもレスボス島の難民キャンプで暮らしていた九人を受け入れている。

さらに日本訪問を終えた翌月の二〇一九年十二月、ローマ法王庁はレスボス島から新たにアフガニスタン人やカメルーン人ら計三十三人を受け入れた。法王フランシスコはこれらの難民らと面会し「われわれみんなに隣人の命を守る責任がある」「どうして多くの兄弟姉妹の絶望の叫びに耳を傾けないでいられようか」などと述べている。

こうした法王の対応について報道した際、私は日本に住む知人から「世界に七千万人もの難民や避難民がいるのに、バチカンで数十人受け入れましたといってアピールされてもね」と冷ややかな反応を受けたことがある。おそらくその記事を読んだ人のうち多くが、似たような感想を抱いたのではないかと思う。

確かにレスボス島には連日、多数の人々が押し寄せている。高いコンクリート塀に囲まれた難民収容施設に入りきれない者は、敷地外に粗末なテントを張って暮らすが、トイレは整備されておらずゴミは散乱、周辺には異臭が漂う。先の見えない生活に難民同士のいさかいも絶えず、ストレスは極限に達し、紛争や混乱がやまない母国に帰ったほうがまだマシだと考える人々も多い。

私が取材でこの島を訪れたときに、人道支援を続ける市民団体「国境なき医師団」の職員は「三歳の子どもが絶望し自殺しようとするケースもある」という信じられない話をした。「相手の人種も宗教も関係ない」との理念を口にし、分け隔てない支援に当たる彼女は「この惨状を世界中が知る義務がある。日本人にも必ず伝えて」と真剣なまなざしで訴えた。

そのような過酷な現実が続く中で、難民を三十三人受け入れるということ自体は、物理的には「焼け石に水」であることは法王自身、百も承知だろう。連れてこられた人々は実際にはイタリアで暮らし、生活費用などの面倒を法王庁が見ているということで、実際にバチカンに住んでいるわけではない。

それでも私は、世界最小の領土しか持たない、人口八百人余りの国がこれだけの人数を受け入れるということは、世界に向けた一つのメッセージになっていると思う。

翻って日本の難民受け入れの現状はどうだろうか。

国連難民高等弁務官事務所（ＵＮＨＣＲ）によると、日本の法務省は二〇一八年、一万六千五百九十六人の難民申請を処理したが、認定されたのは四十二人にとどまっている。〇・二五パーセントの難民認定率は、カナダの五六・四パーセント、米国の三五・四パーセントに比べて桁違《けたちが》いの低さだ。クルド人が多くを占めると思われるトルコ出身者の難民認定率の世界平均は四五・六パーセントだが、日本でトルコ出身者が難民認定された例はこれまでにただの一件もない。

法王が東京から発した、難民受け入れを求めるメッセージは、日本政府と国民にどのように響いたのだろうか。

透けて見えた遠慮

「世界の大半の人は貧困にあえいでいる」

二〇一九年十一月二十五日、日本の首相官邸でローマ法王フランシスコが行った演説では、各国で広がり続ける経済格差などの貧困問題が取り上げられた。

「グローバルな経済システムにおいて、特権的なごく少数の人が甚《はなは》だしい富に浴している」との指摘に続いて、一方でその他大勢の人々が貧しさに苦しんでいる現実に立ち向かうべきだと訴えた。

「貧しい人たちのための教会」を掲げ、歴代法王たちが住んだ豪華な住居ではなく、バチカン内の宿舎で質素に暮らす法王フランシスコらしいスピーチだ。

「結局のところ、各国、各民族の文明というものは、その経済力によってではなく、困窮する人にどれだけ心を砕いているか、そして、出生率の高さといのちを育む能力があるかによって測られるものなのです」

多くの国の指導者にとって耳の痛い提言であろうと思うが、法王フランシスコは首相の安倍晋三らを前に、貧困問題に対して「日本政府はさまざまなプログラムを促進していることを知っています」と述べた。

この発言には正直、違和感があった。

これに限らず、今回の訪日では、法王やバチカンには、日本政府に対して腰が引けている印象が残った。

法王フランシスコは普段、訪問先の国の高官に直接、難民の受け入れを迫ることもあるし、内政干渉ではないかと思えるほどの厳しい指摘をすることもある。バチカンが法王訪日を前に出した声明にも「日本には問題が山積している」とはっきり書かれていたので、私はこの機会に法王が諸問題に関するさまざまな働きかけをするのだろうと予測していた。

一方で法王フランシスコは二〇一六年に、ユダヤ人ら百十万人以上がナチス・ドイツに殺害されたポーランドのアウシュビッツ強制収容所跡を訪れた際には、何らかのメッセージを発するだろうと期待されながら沈黙を守ったという例もあるので、一概には言えないかもしれないが、それにしても日本政府には特別に気を遣いすぎているように感じた。

それはなぜか。

バチカンの内情をよく知る関係者は、今回の法王による日本訪問の目的について「新規信者の獲得以外にない」と言い切っていた。

ローマ法王庁によると、二〇一七年時点でカトリック信者は世界人口の約一八パーセントに当たる約十三億千三百万人に上る。全体の信者数としてはさらに増加傾向にあるというが、聖職者による未成年者虐待などのスキャンダルが重なり、欧州を中心に深刻な教会離れが進んでいるのは事実だ。日本の一億三千万近い人口のうちカトリック信者は〇・三パーセントに過ぎず、それだけ「伸びしろ」があることを考えると、前述の関係者の分析も説得力を増す。布教を進めるのに、その国の政府と敵対することが思わしい結果を生まないことは、キリスト教が禁止された江戸時代を振り返るまでもなく明白だろう。

同じ文脈で見ると、ローマ法王庁による中国への急速な接近ぶりにもうなずける。法王をトップとする宗教国家であるバチカンが、神を否定する無神論の立場を取る中国共産党という、本来相容《あいい》れないはずの存在に近づく理由は何なのか。それは、すでに世界最多の信者数を誇るカトリックの総本山バチカンにとってさえも、人口約十四億の中国が布教の場として魅力的だからだ。

長年対立の原因となってきた司教任命問題をめぐっては、二〇一八年九月の暫定合意以降、バチカン側の譲歩としか言えない動きが繰り返されている。

中国内では政府非公認のキリスト教徒に対する苛烈《かれつ》な弾圧が行われており、法王フランシスコがそれを知らないはずはないのだが、国家主席である習近平《しゅうきんぺい》に人権問題に関する申し入れがなされたという話は聞こえてこない。

日本訪問を終えてバチカンに戻る法王特別機内で行われた記者会見では、香港で続く政府に対する抗議デモに関する質問が出た。香港政府トップである行政長官の林鄭月娥《りんていげつが》は、共産党独裁の中国が事実上指名した人物だ。デモを擁護する発言をすれば中国政府を暗に批判することになるが、香港政府への支持を表明すればデモ隊に対する暴力的な対応を容認すると受け取られても仕方がない。

結果、法王は香港情勢に関して自らの立場を明確には示さなかった。記者は質問で、バチカンから日本に向かう法王特別機の機上から香港政府に向けて祝福を伝える電報が打たれたことについても聞いたが、法王は「電報は外遊の際の挨拶として、（特別機が）領空を通過するすべての国のトップに送るもので機械的なものだ」と主張した。それは確かにその通りなのだが、わざわざ「電報を送ったからといって、それは批判も支持も意味しない」と付け足したのは残念だった。

さらには「香港情勢について考えているが、香港のことだけではない。チリのことも考えているし、フランスのことも考えている。ニカラグアも、南米の国々についても。ブラジルも、そして欧州の国々についてもだ」と述べ、「香港だけではない」と繰り返した。「課題に直面しているこれらすべての国々で平和が尊重されるよう求めている」として、対話によって問題が解決されるべきだと語った。

香港情勢について質問したのと同じ記者が「中国をいつ訪問するつもりか」と聞くと、法王フランシスコは「ありがとう。北京に行きたい。中国が大好きだ」と答えた。

カトリックの頂点に立つ法王のこうした言動が、宗教管理や弾圧を強化する中国共産党にお墨付きを与えているとの指摘もあり、バチカン内部にも中国との暫定合意を見直すべきだとの声はある。激しい迫害を受け続けている中国のキリスト教徒には、法王フランシスコの姿がどう映っているのだろうか。

死刑廃止に言及せず

ローマ法王フランシスコが日本政府に対して弱腰な態度を取っているとの印象を私が持ったのは、法王が日本滞在中に死刑制度について公の場でまったく言及しなかったことが大きな理由だ。これはとても意外だった。原発の是非のようにローマ法王庁が立場を明確にしていないテーマについて積極的には触れないというのなら分かるが、法王フランシスコは普段から、自らが死刑廃止論者であることをはっきりと公言しているからだ。

法王は二〇一八年八月二日に、ローマ・カトリック教会は今後、あらゆる死刑を認めないとする方針を新たに打ち出した。教会はそれまで、ごくまれに死刑が容認されるケースがあるとしていたが、一切認めない立場に変更し、信者に対する教理の手引「カテキズム」にも盛り込み明文化したのだ。

これまでの教会の教えでは、公正な裁判を経て、公共の利益を守るためやむを得ないと判断された場合には罪の重さに応じて死刑が認められることがあるとしてきた。しかし二日の発表で法王は、死刑を避けることで犯罪者から贖罪の機会を決定的に奪わないで済むと主張。各国の勾留《こうりゅう》制度の発達により、新たな犯罪から市民を守ることができるようになったとも説明した。

きわめて深刻な犯罪を行った者にも人間の尊厳はあり、「死刑は人間の尊厳への攻撃だ」と言う。法王はこのとき、教会は世界から死刑制度が廃絶されるよう働きかけていくとも表明している。

しかも、この直前の二〇一八年七月に日本では、オウム真理教の元幹部ら十三人に死刑が執行されたばかりだった。そうしたタイミングもあり、このカトリック教会のカテキズム改訂の動きは日本でも注目された。

法王は二〇一五年には米連邦議会で演説し、死刑廃止を訴えたこともある。法王フランシスコが日本を訪問するらしいということが伝わると、日本で死刑制度廃止を目指して活動する人々のあいだには、法王が日本政府に強く働きかけるのではないかという期待が高まった。対して私は、複数の日本政府関係者や外交筋から「安倍首相との会談で、法王はどれぐらい踏み込んだ発言をするだろうか」と、日本政府批判による〝内政干渉〟を心配する声を聞いた。

実現しなかった死刑囚との面会

こうした中、関係者によると、日本の元法務大臣で弁護士の杉浦正健《すぎうらせいけん》が二〇一八年十月九日、法王の最高顧問である枢機卿《すうききょう》のピーター・タークソンと会い、法王が死刑制度廃絶に向けた日本国民へのメッセージを出すように働きかけてほしいと依頼していたことが分かった。

ガーナ出身のタークソンは二〇一三年のコンクラーベ（法王選挙）で法王に選出されるのではないかと名前が上がり、初の黒人法王の誕生かと話題になったほどの有力者だ。対して官房副長官などを歴任した杉浦は法務大臣在任中、浄土真宗大谷派門徒としての宗教観から死刑執行を一度も命じなかったことで知られ、後に日弁連の死刑廃止検討委員会顧問に就任している。

共同通信の報道によると、杉浦は日弁連幹部らと共にローマ市内のビルの一室でタークソンと面会した。弁護士の一人が「法王に来日の意向があるとうかがっている。死刑廃止についてメッセージをお願いしたい」と切り出し、日弁連会長、菊地裕太郎《きくちゆうたろう》の親書を手渡したという。

タークソンからはカトリック教会がカテキズムを改訂した理由についての詳しい説明があり、面会は二時間に及んだ。

実は日弁連側からタークソンに託された親書はもう一通あった。

差出人は弁護士の西嶋勝彦《にしじまかつひこ》。一九六六年の静岡県の一家四人強盗殺人事件で死刑が確定したが、冤罪《えんざい》を訴え第二次再審請求中の元プロボクサー袴田巖《はかまだいわお》の弁護団長を務める人物だ。

事件をめぐっては二〇一四年に静岡地裁が再審開始を決定し、袴田は釈放されている。二〇一八年に東京高裁が一転、再審開始を取り消したものの、死刑と拘置の執行停止は維持され、袴田は静岡県浜松市内で姉の秀子と暮らしながら最高裁に特別抗告し、判断を待つ身となった。袴田は東京拘置所で一九八四年、キリスト教の洗礼を受けている。

西嶋の親書の内容は、法王に袴田との面会を求めるものだった。

その後、法王フランシスコの訪日の準備が進んでいくにしたがい、法王と袴田の面会実現に向けた動きも加速していく。複数の消息筋の話を総合すると、訪日が正式発表された二〇一九年九月の段階では、短時間ながら両者が接触する時間が設けられる予定になっていたという。関係者の一人は「十一月二十五日の東日本大震災の被災者との集いの会場である千代田区のベルサール半蔵門に袴田さんに来てもらって待ち構えていてもらい、法王がみなさんと触れあうときに袴田さんのところで足を止めてくれればと考えている。握手するなり、一言二言でも言葉を交わすなりすれば、その場面を報道陣が写真に撮るだろうし、それが死刑廃止に向けた大きなメッセージになる」と話していた。

法王が日本に出発する直前の二〇一九年十一月十五日にバチカン報道官のマッテオ・ブルーニが開いた記者会見では、「法王が袴田さんと面会する予定はあるのか」との質問が出たが、ブルーニは面会については答えず「彼は東京ドームで開かれるミサに招待されている」と述べるにとどめた。重ねて「バチカンが招待したのか」と問われると「日本のカトリック教会が招待した」と答えた。微妙に距離を取った言い方だったので、私は面会の可能性は低まっているのではないかと感じたが、果たして、関係者によるとすでにこのとき、前述の大震災被災者との集いの会場でセッティングされていたはずの接触予定は取り消されていたのだという。

どういう力が働いたのかは不明だが、日本政府関係者は「政府からバチカンに袴田さんとの面会を取りやめるよう申し入れた事実は絶対にない」と強調した。袴田は東京ドームでのミサには参列したものの、結局、法王と言葉を交わす場面は訪れなかった。

届かなかった親書

死刑制度についてはバチカン側の立場ははっきりしているが、日本側では世論が割れている。日弁連は二〇一六年に、東京五輪・パラリンピックが開かれる二〇二〇年までの死刑廃止と終身刑の導入を国に求める宣言を採択したものの、犯罪被害者や遺族を支援する弁護士の中には「死刑廃止は日弁連の総意ではない」と猛反発する者もいる。日本の内閣府が二〇一四年に実施した世論調査では「死刑もやむを得ない」と答えた人は約八割に上っている。法王の日本での言動が、こうした実情を踏まえた上でのものだったかどうかは定かではないが、一部の人々が期待したようなものにはならなかったのは確かなようだ。

日本訪問を終え、バチカンへと戻る帰路、法王特別機内で開かれた記者会見で、法王フランシスコにこのように質問してみた。

「死刑判決を受け、無実を訴え再審請求中の袴田巖さんという人が東京ドームでのミサに参加した。袴田さんと面会する予定は組まれていなかったのか。また法王はカテキズムを改訂し死刑を一切認めない方針を打ち出している。日本ではこの直前にオウム真理教の元幹部ら十三人に対して死刑が執行された。日本では死刑制度についての議論も行われているが、なぜ今回の訪日中、法王は演説などで死刑に関する発言をしなかったのか。また安倍晋三首相との会談ではこのテーマについて話をしたのか」

法王フランシスコは「十三人が死刑執行された」と聞いた瞬間、表情をきつく歪《ゆが》め険しい顔を見せた。

そして身ぶり手ぶりを交えて、以下のように質問に答え始めた。

まず、袴田については「そのような死刑判決のケースがあるということは（東京ドームでミサを行った）後に知った。その人のことは知らなかった」と述べた。つまり日弁連側から枢機卿のタークソンに託された親書は法王には届いていなかったということだ。法王と袴田との短時間の接触が設定されていたという話も、法王のあずかり知らないところで浮上し、立ち消えたということだろうか。

さらに首相との会談に関しては「多くの問題について協議した」と述べるにとどまった。この後の言い回しが微妙で、死刑や裁判制度、終身刑、刑務所の過剰収容、判決前の勾留や他国の状況などについても話し合ったと言っているようにも受け取れるが、一般論としてそのような問題があると指摘しているだけのようにも取れる。どうも安倍との会談内容についてはぼかしたような感じがして、死刑制度については踏み込んだ議論は行われなかったのではないかという印象を持った。首相官邸で会談が始まったのは二〇一九年十一月二十五日の午後六時十三分。続いて官邸で行われた「日本政府要人および外交団らとの集い」は同四十三分に開始しており、移動などの時間を差し引くと、会談時間は実質二十分にも満たなかったのではないか。

法王は機内での記者会見で「死刑は執行されてはならない。倫理に反する」と述べ、国によっては政治的な理由から死刑制度を廃止できないものの、執行を停止し事実上の終身刑に切り替えているような例もあると指摘した。刑罰はつねに社会復帰や更正を視野に入れたものでなければならないとして、死刑は容認できないとの考えをあらためて示した。

一方で、死刑制度を廃絶するためには「腰を据《す》えて少しずつ取り組んでいかなければならない」とも述べ、進展には時間がかかるとの見方も示した。

今回の訪日のテーマに「すべての命を守るため」を掲げたのであれば、死刑制度に関してはどちらの立場を取るにせよ、もっと積極的に情報発信してもよかったのではないか。

訪日が終了して約一か月後に出た一部報道では、東京ドームでのミサの前にバチカン関係者が法王に袴田の情報を伝え、法王も袴田との接触に強い意欲を示したことになっている。会場内で姿を確認できなかったために実現しなかったとのことだ。機中記者会見での法王の発言とは明らかに矛盾する内容で、真相はよく分からない。情報がいろいろと錯綜《さくそう》したのは、それだけさまざまな立場の人の思惑が入り乱れていたということを物語っているのかもしれない。

三十八年ぶりの会見

「九歳のとき、両親が長崎、広島の原爆のニュースを聞き、涙を流していたことが心に強く刻まれています」

ローマ法王フランシスコは二〇一九年十一月二十五日、皇居・宮殿に招かれ、天皇陛下と会見した。宮内庁によると、法王は子どものころの原爆に関する記憶をたどり、前日の被爆地での演説について「このような自分の気持ちを込めてメッセージを発出しました」と陛下に語ったという。

日本での天皇と法王の会見は一九八一年の昭和天皇と先々代のヨハネ・パウロ二世以来、三十八年ぶりのことだった。

陛下が宮殿の南車寄せで、笑顔で法王をお出迎えになると、二人はスペイン語で挨拶しながらゆっくりと握手を交わした。

皇居の宮殿で

陛下がライフワークとする「水問題」にも話題が及び、法王は「次の戦争は、水をめぐる戦争であるとも言われています。若い人も施政者も、共に行動する必要があります」と語ったという。

会見は通訳を交えて約二十分間にわたって行われた。

陛下は、約二百年ぶりとなる天皇退位による皇位継承という形で即位しており、存命中の法王として約六百年ぶりに退位した先代ベネディクト十六世の後を継いだ法王フランシスコと立場が似ている。「天皇と上皇」、「法王と名誉法王」が併存することによる二重権威が生じる懸念が取りざたされている点も軌を一にしている。

こうした共通点があることも手伝ってかどうかは分からないが、二人の間にはとても親密な空気が漂っているような気がした。短いながらも、心の通い合った会見が行われたのではないかと想像する。

東京ドームでの大規模ミサ

この章の最後に、五万人もの人々が詰めかけた東京ドームでの大規模ミサで、法王フランシスコが述べた説教を紹介する。長崎県営野球場でのミサと同様、説教という性質上、多分に宗教的な要素が含まれているため、バチカンが「参考用」としてメディアに提供した日本語訳をそのまま紹介するだけにとどめる。

次は最終章として、再び核問題に立ち返るとともに、帰途で行われた法王の記者会見の様子を仔細《しさい》に見ていくことにする。

今聞いた福音は、イエスの最初の長い説教の一節です。「山上の説教」と呼ばれているもので、わたしたちが歩むよう招かれている道の美しさを説いています。聖書によれば、山は、神がご自身を明かされ、ご自身を知らしめる場所です。神はモーセに、「わたしのもとへ登りなさい」（出エジプト24・1参照）と仰せになりました。その山頂には、主意主義によっても、「出世主義」によっても到達できません。分かれ道において師なるかたに、注意深く、忍耐をもって丁寧に聞くことによってのみ到達できるのです。山頂は平原となり、わたしたちを囲むすべてのものへのつねに新しい眺望、御父のいつくしみを中心とした眺望を与えてくれます。イエスにおいて、人間とは何かを明らかにする山頂と、どんな人間的な計算をも凌駕する完成に至る道を見いだします。イエスにおいて、神に愛されている子どもの自由を味わう新しいいのちを見いだすのです。

しかし、わたしたちはこの道において、子としての自由が窒息し弱まるときがあることを知っています。それは、不安と競争心という悪循環に陥るとき、あるいは、わたしたちの選択を量り認めるため、また自分は何者か、どんな価値があるかを決めるための唯一の基準として、自分の関心や最大限の力を生産性と消費への息詰まる熱狂的な追求にそそぐときです。そのような判断基準は、大切なことに対して徐々にわたしたちを無関心、無感覚にし、心を表面的ではかないことがらへと向かうよう押しやるのです。すべてを作り出し、征服し、コントロールできると信じる熱望が、心をどれほど抑圧し、縛りつけることでしょう。

日本は、経済的には高度に発展した社会ですが、今朝の若者たちとの集いの中で気づかされたことがあります。それは、社会的に孤立している人が決して少なくなく、いのちの意味が分からず、自分の存在の意味を見いだせず、社会からはみ出していると感じていることです。家庭、学校、共同体は、一人ひとりが支えを見いだし、また、他者を支える場であるべきなのに、利益と効率を追求する過剰な競争意識によって、ますます傷ついています。多くの人が、当惑し不安を感じています。過剰な要求や、平和と安定を奪う数々の不安によって打ちのめされているのです。

力づける香油のごとく、主のことばが鳴り響きます。くよくよせず、信頼しなさい、と。主は三度にわたって力強く仰せになります。自分のいのちのことで思い悩むな、……明日のことまで思い悩むな（マタイ6・25、31、34参照）。これは、周りで起きていることに無関心であれといっているのでも、自分の務めや日々の責任に対して無責任であれといっているのでもありません。逆に、より広い意味のある展望に心を開き、そこに自分にとってもっとも大切なことを見つけ、主と同じ方向に目を向けるための余地を作るようにという励ましなのです。「何よりもまず、神の国と神の義を求めなさい。そうすれば、これらのものはみな加えて与えられる」（マタイ6・33）。

主は、食料や衣服といった必需品が重要ではないとおっしゃっているのではありません。むしろ、わたしたちの日々の選択について振り返るよう招いておられるのです。何としても、しかもいのちをかけてまで成功を追求したいという思いに心がとらわれ、孤立することがないようにです。世俗の姿勢はこの世での己の利益や利潤のみを追い求め、利己主義は個人の幸せを熱望しますが、実際は、巧妙にわたしたちを不幸な奴隷にしてしまいます。そのうえ、真に調和のある人間的な社会の発展をはばむのです。

孤立し、閉ざされ、息ができずにいるわたしに抗しうるものは、分かち合い、祝い合い、交わるわたしたち、これしかありません（「一般謁見講話（2019年2月13日）」

参照）。主のこの招きはわたしたちに次のことを思い出させます。「必要なのは、『わたしたちの現実は与えられたものであり、この自由さえも恵みとして受け取ったものだということを、歓喜のうちに認めることです。それは今日の、自分のものは自力で獲得するとか、自らの発意と自由意志の結果だと思い込む世界では難しいことです』」（使徒的勧告『喜びに喜べ』55）。それゆえ、第一朗読において、聖書はわたしたちに思い起こさせます。この世界はいのちと美に満ちており、何よりも、わたしたちに先立って存在される創造主からのすばらしい贈り物であることを。「神はお造りになったすべてのものをご覧になった。見よ、それはきわめてよかった」（創世記1・31）。美と善は、分かち合うため、また、他者に与えるために与えられました。わたしたちは主人でも所有者でもなく、創造的な夢にあずかる者なのです。「わたしたちが、自分たち自身のいのちを真に気遣い、自然とのかかわりをも真に気遣うことは、友愛、正義、他者への誠実と不可分の関係にある」（回勅『ラウダート・シ』70）のです。

この現実を前に、キリスト者の共同体であるわたしたちは、すべてのいのちを守り、智恵と勇気をもって、無償、思いやり、寛大さ、すなおな傾聴、それらに特徴づけられた態度をあかしするよう招かれています。それは、実際に目前にあるいのちを、抱擁し、受け入れる態度です。「そこにあるもろさ、さもしさをそっくりそのま

東京ドームでのミサ。参列者の歓声に応える

ま、そして少なからず見られる、矛盾やくだらなさをもすべてそのまま」(「ワールドユースデーパナマ大会の前晩の祈りでの講話(2019年1月26日)」)引き受けるのです。わたしたちは、この教えを推し進める共同体となるよう招かれています。つまり、「完全でもなく、純粋でも洗練されてもいなくても、愛をかけるに値しないと思ったとしても、まるごとすべてを受け入れるのです。障がいをもつ人や弱い人は、愛するに値しないのですか? よそから来た人、間違いを犯した人、病気の人、牢にいる人は、愛するに値しないのですか? イエスは、重い皮膚病の人、目の見えない人、からだの不自由な人を抱きしめました。ファリサイ派の人や罪人をその腕で包んでくださいました。十字架にかけられた盗人すらも腕に抱き、ご自分を十字架刑に処した人々さえもゆるされたのです」(同)。

いのちの福音《ふくいん》を告げるようにと、わたしたちは求められ、駆り立てられています。それは、共同体として、傷ついた人をいやし、和解とゆるしの道をつねに示す、野戦病院となることです。キリスト者にとって、人や状況について判断する際に用いうる唯一の基準は、神がご自分のすべての子どもたちに示しておられる、いつくしみという基準です。

主に結ばれ、善意あるすべての人と、また、異なる宗教を信じる人々と、絶えざる協力と対話を重ねるならば、わたしたちは、すべてのいのちを、よりいっそう守り世話する、社会の預言的パン種となれるでしょう。

第六章　核兵器保有国へのインパクト

記者会見の「質問枠」

本書の締めくくりとなるこの章では、ローマ法王フランシスコが日本からバチカンへと戻る法王特別機の中で行った、一時間にわたる記者会見の内容を振り返る。法王訪日に関連して取り上げられたさまざまなテーマのうち、とくに核エネルギーの問題を中心に総括しようと考えている。

その前に「法王の記者会見」とはどのようなものか記しておく。

法王フランシスコは通常、バチカンで記者会見を行わない。日々、演説や説教、メッセージなどの形で法王の言葉は発信されているが、それらは一方的なものであり、記者の側から質問することはできない。

これに対し外国を訪問した場合は、その帰りの機内で記者会見を開くのが通例となっており、われわれ記者にとっては貴重な取材の場となる。法王がしゃべりたいこと、発信したいことだけを聞くのとは違い、法王があまり言及したがらないように感じる話題に関しても見解を問いただすことができるからだ。

ただ法王外遊に同行する記者団は毎回、七十人ほどに及び、その中から質問するチャンスを得るのはそう簡単ではない。記者会見はいつも時間無制限というわけではないし、それぞれの記者が質問したいことは当然、追いかけている取材テーマや関心によって多様に分かれている。

誰がどのように質問をするか、についてはＶＡＭＰ（法王外遊同行記者団）のあいだで原則のようなものを取り決めている。

まず記者たちは、報道する際に使う言語によってグループに分かれている。イタリア語、スペイン語、英語、フランス語、ドイツ語といったところが主だったところで、それらのグループでそれぞれ一問ずつ質問を取りまとめる。さらにそのときの法王の訪問先の国のメディアにも一問から二問、質問する権利が割り振られる。したがって質問はだいたい計六問から七問になる。

帰国の途に就く日の朝や前日の夜には、各グループの記者たちが集まって、ああでもない、こうでもないと議論し、質問の集約を進めていく。重複した内容がないかなどを確認するため他グループともやり取りしつつ、質問する順番も決める、といった具合だ。

たとえば私が初めて法王外遊に同行した二〇一九年一月のパナマ訪問の際は、ＶＡＭＰに加わった日本人記者は私一人だけだったため日本語グループをつくることができなかった。仕方なく英語グループに入り、法王の被爆地訪問に関する質問をしたいと主張したが、英語グループは十数人の記者が参加する大所帯ということもあり、私の希望は通らなかった。当時、彼ら彼女らの関心は元ワシントン大司教に浮上した未成年者虐待疑惑などに向いており、「君の気持ちは分かるけれど、われわれの貴重な一問を日本訪問に関することに使うのはとても難しい」と言われた。

続いて同行に参加した二〇一九年五月のブルガリア、北マケドニアの歴訪の際も質問の場に立つためのハードルはなかなか高かった。このときは私のほかに朝日新聞の記者もいたため、二人で日本語グループを結成し、やはり法王の日本訪問に関する質問をしようと試みた。

各グループの取りまとめ役の記者と交渉し、なんとかわれわれが質問することを承諾してもらったが、そこは少人数グループの悲しさで、質問する順番は、イタリア語やスペイン語などの大人数組の後の八番目に回された。このときは二か国歴訪ということで、ブルガリアと北マケドニアのメディアがそれぞれまず質問するという段取りになっていたこともあり、順番がかなり下のほうになってしまったのだ。

北マケドニアの首都スコピエからローマに戻るまでの飛行時間はわずかに二時間。離陸と着陸、機内食に要する時間を差し引くと、記者会見に使われるのはかなり限られたものとなる。案の定、われわれの順番が来る前に、会見はあえなく打ち切られた。

そこへいくと今回の訪日では、訪問先の国のメディアということで、われわれ日本の報道各社には計二問、質問の枠が割り振られた。タイとの二か国歴訪ではあったが、同国メディアでＶＡＭＰに加わった社はなかったので、その分もわれわれに回してもらえたのだ。飛行予定時間はたっぷり十三時間半あるし、質問に立つ順番は最初なので途中で打ち切られる心配もない。

共同通信、朝日新聞、読売新聞、ＮＨＫ、フジテレビのほか、実は今回、日本のカトリック教会が発行する週刊紙であるカトリック新聞も同行記者団に加わっており、同新聞にも別に一問が割り振られていた。

相談したところ、宗教的な内容の質問をするとのことだったが、長崎、広島の両被爆地を訪問した感想についてもうまく織り込んで聞いてもらえないかとお願いしてみた。もともと聞くはずだった内容との関連があるとのことで、快諾してもらえた。

あとの二問は五社で話し合った結果、核エネルギーと死刑制度について聞くことに決めた。前者を朝日新聞が、後者を共同通信が代表して質問することになった。

こうしてわれわれ日本メディアは、普段の外遊同行と比べると破格の計三問の質問枠を確保した。

法王と記者との真剣勝負

日本滞在の最終日となった二〇一九年十一月二十六日の朝、ローマ法王フランシスコは自らの出身母体であるイエズス会が設立した上智大学を訪問した。東京都千代田区の四谷《よつや》キャンパスの教室で開かれた集会では、聖歌を合唱する約七百人に迎えられ、「この国での滞在は短いものだったが、大変密度が濃かった」との言葉を残した。

羽田空港では、和服姿の女性二人から花束を受け取り、司祭らと握手をしたり、頬と頬を合わせたりして別れの挨拶《あいさつ》をし、胸に手を当てた後、笑顔で右手を挙げ、飛行機に乗り込んだ。ツイッターには日本語で「私の訪日に際し、皆様が私を真心を込めてあたたかくお迎えくださったことに対し、私は日本のすべての皆様に深く感謝申し上げます。お祈りの内に皆様のことを心に留めております。」（原文ママ）とのメッセージが書き込まれた。

こうして全日空の法王特別機は離陸し、四日間にわたる訪日は終了した。

しかし、われわれ記者団にとっては目玉とも言える大事な仕事が残っている。前述の通り準備を進めてきた機中記者会見だ。座席周辺には、所狭しとテレビカメラが立ち並び、後部に座る記者にも聞こえるようにマイクのスピーカーが設置された。

会見は基本、バチカンの実質的な公用語であるイタリア語で行われる。記者の側からローマ法王庁側に質問内容の事前通告はしない。つまり法王はその場で初めて質問を聞き、百パーセント自分の言葉で、自分の考えを述べるのだ。事務方がメモを差し入れることもない。われわれ記者団は座っているが、法王は長時間に及ぶ会見のあいだ中、マイクを握ったままの立ちっぱなしだ。まさに法王と記者との「真剣勝負」の場と言えるだろう。

私は二〇一〇年から二〇一一年にかけて、日本の民主党政権時代、鳩山由紀夫《はとやまゆきお》、菅直人《かんなおと》と続く二人の首相番を務めた。「囲み」と呼ばれる、文字通り記者たちが首相を取り囲んで質問するという、一見するとざっくばらんな形式の取材を毎日行っていたが、ここでの質問は基本、各社で事前に取りまとめて官邸側に提出していた。首相はその内容をあらかじめ聞いて、事務方や側近と相談し「答え」を準備してから記者団の前に姿を見せるのである。

今でもよく覚えているのは二〇一一年一月に、米大手格付け会社スタンダード・アンド・プアーズ（S&P）が日本の長期国債格付けを従来の「AA」から「AAマイナス」に一段階引き下げると発表したときのことだ。国債の大量発行に依存した菅政権の財政運営に懸念を示したもので、重要ニュースだと考えた私は事前通告をしないまま、当時の首相だった菅直人に「囲み」の場で受け止めを聞いた。

格付けが引き下げられたことを「初めて聞いた」という菅は「ちょっと、そういうことには疎《うと》いんで、ちょっと、改めてにさせてください」と述べた。

この答えには唖然《あぜん》としたが、さらにあきれたのは、首相周辺が後から「だまし討ちだ」などと騒ぎ出し、「囲み」取材のあり方の見直しまでちらつかせてきたことだ。

話がずれてしまった。

ともかく、単純な比較はできないかもしれないが、事前通告を受けずに世界のあらゆるテーマについての質問に答えていく法王のすごさを実感することになる記者会見が始まった。

抑止力としての核保有も認めず

飛行機前方のカーテンの間から、ローマ法王フランシスコが姿を現した。

マイクを握り「あなたたちの仕事に感謝します。非常に強烈な数日間でした。大変だったでしょう」と記者団にねぎらいの言葉をかけた後、さっそく質疑応答となった。

最初の質問は被爆地に関するものだ。

長崎と広島の訪問について聞かれると、

「深く胸に刻まれる体験だった」

「長崎と広島は共に原子爆弾に苦しんだ地であるという共通点があるが、違いもある」と語り始めた法王は、長崎は被爆地であり、また同時にキリスト教徒の殉教の歴史を有する場所でもあると述べ、一方、広島には長崎のような殉教の地といった特色はなく、純粋に原爆の恐ろしさを教えてくれる場所なのだと説明した。

「だからこそ、両方を訪れたかった」

違いがあるからこそ、そのどちらも訪れる必要があったとした上で、法王は長崎よりも広島での体験のほうが「より強く心を動かされた」とも述懐した。

「長崎よりも広島」とわざわざ強調した真意はよく分からないが、今回の被爆地訪問では滞在時間の長さからいっても長崎のほうに主眼が置かれていたのは明らかで、そういった点から法王は広島に気を遣って発言したのかもしれない。

自身でも、「長崎では博物館を少し見ることができた」と述べ、殉教者の歴史を伝える日本二十六聖人記念館を訪れたと話しているが、広島では原爆資料館などを「時間がなく、見ることができなかった。広島には（短時間）滞在できただけで、日程的に難しい面があった」と振り返った。

ただ、両被爆地の訪問に関連しては、被爆者から原爆の恐ろしさについて教えてもらい、また地元自治体の首長らからも手紙をもらい、このすさまじい悲劇に被爆地がどのように向き合ってきたかを説明してもらったとも述べ、自らの被爆地訪問の意義を説いた。

「そして私は繰り返し言う。核兵器の使用は倫理に反する、と」

法王は被爆地でのスピーチで行った主張を繰り返し、

「このことはカトリック教会のカテキズムに盛り込まなければならない。核兵器の使用だけでなく、保有についてもだ」

と明言した。

カテキズムは、先に述べたとおり、カトリック教会の信者のための教理の手引きで、公式教義書とでも呼ぶべきようなものだ。つまりカトリック教会の公的な立場として、核兵器の使用のみならず、抑止力としての核保有も認めず、核兵器に全面的に反対するということを明文化するということになる。

カトリック教徒の少ない日本ではなかなか実感できないことだと思うが、カトリック教徒が多くを占めるフランスのほか、米国やロシアなどの核兵器保有国にとっても、このことは相当なインパクトがあったのではないかと思う。

「これを偽善と呼ぶのです」

法王フランシスコが、さまざまなハレーションや反発も予期できる中で、歴代法王で初めて核兵器の保有にまで踏み込んで反対する理由はなんだろうか。

法王はこの日の記者会見で、

「なぜなら、核兵器を保有していれば、事故によってや、愚かな政治指導者の狂気によって、人類が滅亡してしまうこともあり得るからだ」

と述べている。

法王は、

「アインシュタインが言った『第四次世界大戦はこん棒と石によって戦われることになるだろう』という言葉を思い出してみてください」

とも付け加えた。

これは第三次世界大戦が起きれば核兵器によって地球は壊滅的な被害を受け、人類は高度な文明を失った状態に陥るだろうという意味の警鐘《けいしょう》だ。

さらに法王は、フランス語グループを代表して質問したフランス主要紙フィガロの記者

を見つめながら、

「きわめて悪質なことに、キリスト教の国々、少なくともキリスト教の文化を持つ欧州のある国々は、平和について話し合いながら、武器生産のおかげで成長を遂げてきた。これを偽善と呼ぶのです。そのような悪事はやめましょう」

と語りかけた。眉間《みけん》にしわを寄せ、時に悲しそうな表情も浮かべて、言葉を継ぐ。

「そのような国は、『武器の製造によって経済的な多額の利益を得ているので、平和について話すことはできません』と言うべきなのです」

そして法王フランシスコの批判の矛先《ほこさき》は、国連安全保障理事会の制度にまで及んだ。安保理の常任理事国の拒否権について触れ、「戦争を回避するために、みんなが賛成をしても、一か国が『ノー』と投票すれば、すべてが止まってしまう」と非難した。

拒否権を持つ常任理事国の五か国は、米国、英国、フランス、ロシア、中国。言うまでもなく、すべて核兵器保有国である。

法王はフランス紙フィガロの記者の質問に対する答えをこう締めくくった。

「今日において、平和というものは本当に脆弱《ぜいじゃく》です。本当に脆弱なのです。だからわれわれはこの弱さを助けるのです。くじけてはなりません」

今回の被爆地訪問に対する、法王の思い入れの強さをあらためて感じた記者会見だった。

カトリック長崎大司教区の大司教、高見三明によると、法王フランシスコは長崎市の爆心地公園に向かう車の中で、「どんなに核兵器廃絶を叫んでも、なかなか世界が変わらない。嘆かわしいことだ」と繰り返していたそうだ。

バチカンを長年取材し、今回の訪日にも同行した国営イタリア放送協会（ＲＡＩ）の記者バニア・デルカは「法王は世界で軍拡が進められている現状に大きな危機感を抱いている」と言い、「法王が日本を訪れた最大の目的は核廃絶を訴えることで、このテーマに集中し、インパクトを出そうと考えていた」と解説する。

こういった思いや歯がゆさ、危機感を長崎と広島のスピーチに込めたことが、あのような力強い、世界に向けた被爆地からのメッセージとなったのだろうと推察する。

ただ被爆地訪問翌日に、首相官邸で行われた「日本政府要人および外交団らとの集い」での演説については、私は個人的にはやや迫力不足な印象を受けた。

「人類の歴史において、広島と長崎に投下された原爆によってもたらされた破壊が二度と繰り返されないよう、阻止するために必要なあらゆる仲介を推し進めてください。民族間、国家間の紛争は、そのもっとも深刻なケースにおいてさえ、対話によってのみ有効な解決を見いだせること、そして対話こそ、人間にとって唯一ふさわしく、恒久的平和を保証しうる手段だということを歴史は示しています。核の問題は、多国間のレベルで取り組むべきものだと確信しています」

と述べるにとどまったからだ。

「仲介を進めてください」との要請は、日本政府が従来から主張する「核保有国と非保有国の橋渡し役を務める」という立場に沿ったものだ。

被爆者らの中には、核兵器禁止条約に参加していない日本政府に対して、法王が直接、明確に批准《ひじゅん》を求めてくれるのではないかという期待もあった。

帰りの法王特別機内での記者会見で、首相、安倍晋三との会談内容について問われた際には、法王は「さまざまな問題について協議した」と答えただけだった。第五章でも触れたように、日本政府への遠慮があったのだとすれば残念だ。

バベルの塔への警鐘

帰りの機中記者会見で取り上げられたテーマの中で、われわれ日本メディアの記者が核兵器廃絶と併せて重要だと考えたのは、核エネルギーの平和的利用、つまり原発に関することだ。

被爆地訪問の翌日に行われた首相との会談

すでに述べたように、法王フランシスコは日本滞在中に東日本大震災の被災者らとの集いを開いた際に東京電力福島第一原発事故のことに触れている。ただし自らの原発への賛否については言及を避けた。

訪日前にさかのぼって法王の発言を振り返ってみても、明確に立場を示したものは見当たらない。

だが、ヒントになるような情報や資料はいくつかあるので、ここで紹介しておく。

まず、法王フランシスコが二〇一五年五月に発出した環境問題に関する回勅《かいちょく》（公的書簡）『ラウダート・シ――ともに暮らす家を大切に』では、「核エネルギーはわれわれにとてつもない力を与えたということを認識しなければならない」と述べている。その他の科学技術なども例示し、「二十世紀半ばに原子爆弾が投下されたことも考えなければならない」。核エネルギーを含む強大な力を「人類のごく一部の人々が掌握することはきわめて高いリスクを伴う」としている。

そして原子力などを利用する場合には、さまざまな代替可能な選択肢を検討し、「将来におけるリスクと利益を比較した上で（政策）決定がなされなければならない」。

このような比較がとくに必要となるのは、廃棄物の増加などによって公共空間に著しい変化をもたらす場合だとして、「十分な調査研究がなされなければ、核エネルギーの利用などは、周辺住民の生活に予測のできない多大なる影響を及ぼすことになる」とも警告している。

とくに注目すべきなのは、同じ項目の中で、

「目先の利益や私欲を優先する大量消費主義は、安易な認可や情報隠蔽《いんぺい》を容易にしてしまう」

と指摘している部分だ。

この回勅が出されてからまもない二〇一五年八月、東京電力福島第一原発事故を受けて全原発が停止していた日本では、鹿児島県薩摩川内市《さつませんだいし》の九州電力川内原発一号機が震災後の新規制基準下で全国の商業原発として初めて再稼働した。日本政府は国策として電源構成に占める原発の割合を引き上げる方針を掲げており、二〇一九年十一月までに五か所の原発で計九基が再稼働している。

実は公の場での発言ではないが、ローマ法王フランシスコが原発について触れたとされる情報もある。二〇一五年三月二十日、バチカンを訪問した日本の司教団と面会した際のことだ。

関係者によると、法王は旧約聖書に出てくる「バベルの塔」を引き合いに「人類は天に届く塔を作ろうとして自ら破滅を招こうとしている」と述べたのだという。

これは甚大《じんだい》な被害をもたらした東京電力福島第一原発事故を念頭に、人間の傲慢《ごうまん》さや思い上がりを戒めようとした警句ではないかと受け止められた。

法王自身の発言ではないが、二〇一八年十一月にはローマ法王庁（バチカン）の国連大使が国連総会で「放射線の影響」と題し演説を行っている。国連大使という立場からしても法王庁の立場を示していると考えて差し支えないだろう。

ここで大使は国連放射線影響科学委員会（ＵＮＳＣＥＡＲ）の働きに謝意を表しながら、一九八六年のチェルノブイリ原発事故と東京電力福島第一原発事故に言及した。

「これらの事故はリスクのない核エネルギーの利用はない、ということをわれわれに教えてくれる」

それらのリスクは、「時に非常に深刻な」結果を引き起こすことになるとも述べている。

「それゆえ平和目的の核エネルギーの利用であっても、国際社会は多大なる予防措置を講じることが最重要なのだ」

このように述べ、大使は福島第一原発事故による放射線の長期的な影響についての調査結果を注視していく考えを示した。

機中で飛び出した「反原発」発言

こうした法王の言動やローマ法王庁の立場を考えると、原発がはらむ危険性に強い懸念は抱いているものの、やはり明確に反対はしていない。

そのため私は、法王が日本滞在中に直接的な表現で原発を否定するような「特段の発言」をする可能性は低いと考えていた。実際、「日本滞在中」にはそうした明確な言及はなかったわけだが、日本からバチカンに戻る飛行機の中で、「特段の発言」は飛び出した。

会見で日本人記者から原発の是非についてあらためて問われると、法王はこう切り出した。

「原発事故はつねに起こりえます。『三つの大規模災害』であなたたちが経験したように」

バチカンは東日本大震災のことを地震、津波、東京電力福島第一原発事故の三つを合わせた災害と考え「三つの大規模災害」と呼称している。日本で起きたような原発事故は世界のどこでも、いつでも起こる可能性があると指摘したわけだ。法王は原発のリスクに関して言及し始めた。

「核エネルギーの利用には（安全上の）限界がある。われわれはまだ完全な安全性を確保できていない」

この発言は従来、法王が示してきた立場を超えるものではないが、質問者をしっかりと見据えて話す口調は徐々に熱を帯びてきて、その内容もより踏み込んだものになっていった。

「ほかの発電方法であっても事故は起きるという指摘もあるでしょう。しかし、それは（原発事故に比べれば）小さなもので済むはずです。ですが原発事故が引き起こす災害は非常に甚大なものとなるのです」

そして、法王は個人的な意見だと前置きした上で、原発の是非に関する質問に初めて正面から答えた。

「完全なる安全が保証されるまで、私は核エネルギーを利用しない。大災害が起きないという保証はないのです」

カトリック十三億人信者の頂点に立つ法王に「個人的な意見」というものはあり得ず、「法王の考え＝ローマ法王庁の立場」と受け取るのが普通だ。

また原発稼働の条件として示した「完全なる安全の保証」をするのは現実的には不可能であり、この発言は、ローマ法王フランシスコが原発に反対の立場を示したと言っていいだろう。法王はチェルノブイリ原発事故にも言及し、その長年にわたる影響の大きさに懸

訪日を終え、帰路の機内で記者会見

念を示した。

私は二〇一九年十一月二十七日夕刊用に、「教皇『原発やめるべき』　完全な安全必要と警告　被災者との交流影響か」と見出しを付けた記事を配信した。原発をめぐっては遠回しに反対の立場を示すにとどまっていた法王がなぜ、ここへきて踏み込んだ発言を行ったのか。日本滞在中に、東日本大震災の被災者や東京電力福島第一原発事故からの避難者と交流し、被害実態を直接聞いたことが法王に影響を与えた可能性があるとの見方も記事には盛り込んだ。集会では、原発事故で福島県いわき市から東京に自主避難した高校生が「僕たちの苦しみはとても伝えきれない」「未来から被ばくの脅威をなくすため、世界中の人が動きだせるよう祈ってください」と自らのいじめ体験などを切々と語り、法王は真剣な表情でじっと耳を傾けていたからだ。

奇《く》しくもこの二十七日の夕刊紙面には、東北電力女川《おながわ》原発二号機（宮城県女川町、石巻市）が同日、再稼働に必要な原子力規制委員会の審査に事実上合格したとの記事も大きく掲載された。

「私たちの日常」に残したもの

機内での記者会見ではほかに死刑制度や自衛権、バチカンの金融スキャンダル、香港情勢、南米情勢などに関する質問も出て、法王フランシスコはほぼ一時間にわたって立ったまま、自らの考えを披露していった。

途中、飛行機が揺れて「みなさま、シートベルトを緩みのないようしっかりお締めください」とのアナウンスが流れると、「私たちを座席に戻し、休ませようとしていますね」と言って記者団を和ます一幕もあった。

二〇一九年十一月十九日にバチカンを出発し、タイ訪問を経て二十六日まで行われた訪日は、すべて分刻みの日程で、法王に休む暇はほとんどなかったはずだ。それでも記者会見では疲れた様子を見せることなく、質問によどみなく答えていく姿に私は正直驚いた。八十二歳の老人のなせるわざとは思えない。

羽田空港を飛び立った十数時間後、二十六日夕刻にローマのレオナルド・ダ・ビンチ空港に降り立った法王は、やはり元気そうだった。

さらに驚くべきことには、翌二十七日の朝にはもう、バチカンのサンピエトロ広場に詰めかけた多数の人々の前で、毎週水曜日恒例の一般謁見《えっけん》を行っていることだ。若い頃、健康上の不安を理由に日本に赴くことを断念したというのは本当だろうか、と疑いたくなる。

この場で法王は再び日本について言及し、「原爆に苦しんだこの国は、命と平和の権利についての世界の代弁者だ」と述べた。

このようにしてローマ法王フランシスコは「大いなる念願」だった訪日を終え、いつもの「法王の日常」へと戻っていった。

これに対して法王が「私たちの日常」に残したものはなんだったのだろうか。

本書で見てきたように、法王フランシスコは日本で、多岐にわたるテーマについて多くの発言を行った。

さまざまなメッセージについて、日本の国民や政府関係者らがそれをどのように受け止めたのかは分からない。もしかすると発言内容によっては「内政干渉だ」とか「大きなお世話だ」と受け止めて、反発した人たちもいたかもしれない。

私はローマ法王フランシスコという、世界でも唯一無二の立場にある人物から発せられる言葉に、まずはいったん耳を傾けてみようといつも考えている。

法王が元首を務めるバチカン市国は、中世ヨーロッパのように周囲を城壁に囲まれている。そこに住んでいるのは、ほとんどが聖職者や修道士、修道女だ。人口は八百二十人。世界最小の国家としてバチカン市国が成立したのは一九二九年だが、キリスト教を公認したローマ帝国皇帝コンスタンティヌス一世が、イエス・キリストの使徒で初代法王とされ

［上］2018年5月、バチカンを訪れた田上富久・長崎市長。サンピエトロ大聖堂の前で
［下］サンピエトロ大聖堂の上からサンピエトロ広場を望む

るペテロ殉教の地である「バチカンの丘」に、サンピエトロ大聖堂を建てたのは西暦三二六年にまでさかのぼる。

バチカン市国は百八十三の国・地域と外交関係を持ち、厳しく鍛え上げられた外交官や独自に張り巡らされたネットワークによって高い情報収集能力を誇る。二千年の歴史と世界中にいるカトリック信者を背景に、歴代法王たちが絶大な情報発信力を保持してきたことは前述の通りだ。

ローマ法王はこうした独特な国の元首であると同時に、宗教指導者でもある。また貧しい人に寄り添い、実社会に即したカトリック教会の改革も辞さない法王フランシスコの姿勢は歴代法王の中でも際立っている。

こうした背景を考えても、一般的な外国元首が日本を訪れて行う発言と、法王の発言は、その趣や性質においてまったく違ったものとして受け止めたほうがよいだろうと思う。少なくともローマ法王フランシスコの言葉は「自国の利益のために」とか「私利私欲」といったところからは発せられていないのは確かなように思えるからだ。アルゼンチン時代から常に「最前線」で体を張ってきた彼が、法王になった今も世界を飛び回り続けているのは、平和を実現させようとする並々ならぬ意志があればこそだ。

こういう人物であるがゆえ、二〇一五年の米国とキューバの五十四年ぶりの国交回復という歴史的和解の仲介役も果たすことができたのだろう。当時の米大統領バラク・オバマと、キューバの国家評議会議長ラウル・カストロの双方がともに法王フランシスコを信頼したのは、まさに相手が法王フランシスコだったからにほかならない。当初はキューバの要求を受け入れることを渋ったオバマを、法王フランシスコが説得して決断を促したというのは有名な話だ。

本書が、ローマ法王フランシスコの言葉に一度じっくりと耳を傾けてみよう、と考える人々の役に少しでも立つならば、筆者としてこれ以上の喜びはない。

世界を変えるための最良の方法

被爆地訪問からちょうど丸一か月たった二〇一九年十二月二十五日のクリスマス。イエス・キリストの誕生に祝意を示した法王フランシスコは、バチカンのサンピエトロ大聖堂のバルコニーから、ローマと全世界に向けた恒例のメッセージ「ウルビ・エト・オルビ」（「都市と世界へ」という意味のラテン語）を送った。

「人間の心に闇《やみ》があっても、キリストの光はもっと大きいのです」

「個人や家族、社会の間に闇があっても、キリストの光のほうがずっと強いのです」

「経済や地域政治、環境上の紛争に闇があっても、キリストの光はそれに勝るのです」

ローマ法王フランシスコの言葉はいつも、世界の人々と平和のために紡《つむ》ぎ出されている。

世界各地の国名や地域を挙げながら、紛争に苦しむ子どもたちや貧しい人々、孤独なお年寄り、移民、難民を思いやり、法王はキリストにこう呼びかけた。

「すべての傷つく人々のための、光でありますように。わたしたちの頑《かたく》なで利己的な心を和らげてくださいますように。そして、わたしたちを愛の道具としてくださいますように。すべての人々にその優しさを与え、この世の闇を照らしてくださいますように」

このメッセージに先立って、クリスマスイブのミサでは法王はこうも語っている。

「世界を変えるための最良の方法は、他者を変えようとするのをやめ、自分自身を変えようとすることである。そのとき、自分も、教会も、歴史も変わる」

こうした言葉が世界中に届き、法王の願う平和が実現する日は来るだろうか。

そこに宗教や国、人種は関係ない。

問われているのはわれわれ、ひとりひとりの良心と行動だろう。

おわりに

ローマ法王フランシスコが日本に残した言葉で最も印象的だったのは、被爆地から発せられた「核なき世界は実現できる」とのメッセージだった。

法王が長崎と広島を訪れた日に私が書いた原稿の見出しは二〇一九年十一月二十四日夕刊用の段階では「核なき世界『可能で不可欠』」だったが、二十五日付朝刊用では私のミスがあり「核なき世界『不可欠』」となってしまった。法王は確かに「核なき世界は実現可能であり不可欠だ」と発言しているので間違いではないのだが、私としては「不可欠」より「可能」のほうに大きな意味を感じていただけに手痛い失敗をしてしまったと感じていた。二十四日は日曜日で実際には夕刊はなく、「可能」が紙面に載るチャンスは失われてしまったと思ったからだ。

法王は自らのスピーチを「理想論」と認める一方で、各国の政治指導者に強く対応を迫り、世界中の人々ひとりひとりに行動を促《うなが》した。本気で「核なき世界」という理想を実現できると考えているからこその言動だろう。

被爆地への法王同行を終えた翌早朝、私は疲れ切った体と頭を抱え、ホテルのコンビニで東京新聞を買った。一面トップに拙稿が掲載されていたことを知りうれしかったのだが、より感激したのは東京新聞が見出しを独自に編集し「核なき世界の実現　可能であり不可欠」と付けてくれていたことだ。自分の失敗を棚に上げて恐縮だが、被爆地からのメッセージで、世界に向けて最も伝えるべきだったのは、核兵器のない世界は実現できるという、人々を力強く勇気づけるこの言葉だったと思っていたからだ。

法王は二〇二〇年一月九日、年頭恒例の各国外交団を前にした演説で、被爆地訪問を振り返った。「核なき世界は実現可能であり不可欠だ」との自らの言葉を引用して、「このことを政治指導者たちが理解すべきときがきた」と、核兵器保有や抑止論を再び明確に非難してみせた。バチカンが百八十三の国・地域と外交関係を持つということは本文でも述べたが、居並ぶ各国大使や外交官たちを前に法王は「日本で広島と長崎が受けた苦痛と恐怖を感じ、ヒバクシャの証言を聞いて、人類を破滅させかねない核兵器による脅しでは真の平和は構築できないことがはっきり分かった」と語りかけた。

そして、核兵器をはじめとする大量破壊兵器を保有することによってではなく、世界中のひとりひとり、個人個人がそれぞれの分野で「よい意志を持ち、具体的で忍耐強い努力」を重ねることによって平和は実現できるのだと説いた。

この場で法王は二〇二〇年春にニューヨークの国連本部で開かれる予定の核拡散防止条約（NPT）再検討会議にも言及し、「重要な機会であり、国際社会がなんとか決定的かつ前向きな合意に達することを強く願う」とも述べている。

冷戦期から核不拡散体制の礎《いしずえ》としての役割を果たしてきたNPTは条約発効から半世紀の節目を迎えたにもかかわらず、核兵器保有国と非保有国の溝は広がり続け、この国際的な枠組みは崩壊の危機にさらされている。五年前の二〇一五年の再検討会議の決裂に続き、二〇二〇年の会議でも合意文書の採択に失敗するようなことがあればNPT体制は形骸化を免れない（なお会議は本書校正中、新型コロナウイルスの拡大を受け最長二〇二一年四月までの開催延期が決定された。本文で触れた東京五輪も同様に一年の延期が決まり、二〇二一年七月開幕となった）。

法王がわざわざ被爆地訪問を振り返ると同時にNPTに言及したのは、世界の核兵器の九割以上を保有する米ロが競うように核戦力を増強し続ける中、「核なき世界」を実現するための日本の役割がますます重要になってくるという認識の表れだろう。言われるまでもなく、われわれは唯一の戦争被爆国としてどのように行動すべきなのか、もう一度真剣に考えなければならないのではないだろうか。

それから今回の訪日では、個人的に心に突き刺さった法王の発言がある。

「私は謙虚な気持ちを持ち、声を上げても耳を貸してもらえないような人々の声になりたい」

第四章でも紹介したように、広島市の平和記念公園でのスピーチで、ローマ法王フランシスコはこう述べた。紛争や不平等、不公正に苦しんでいる人々の不安や恐れ、苦悩についての声なき声をこれからも代弁していくと表明したわけだ。

私は打ちのめされた。

法王フランシスコが発した言葉を記事にするとき、私はいつもまったく逆のことを考えていた。

世界に十三億人超の信者を抱えるカトリックの頂点に立つローマ法王の発信力は絶大だ。放っておいても、そのメッセージは世界に伝わっていく。仕事だから原稿は書くが、「声の大きな人の声」を報道することにそれほど深い意義はない。そんな気持ちをどこかで抱えていたように思う。

ところが法王は、声を出したくても出せない人、出したとしてもそれを世界に届けることができない人のための声に自分自身がなろうと考えていたのだ。本来ならば、われわれ記者こそが率先して果たすべき役割で、最優先にすべき任務のはずではないか。

世界を飛び回る法王の心に、このような思いがあったことを知り、私の意識も変わった。この希有な法王の発言やメッセージを、ローマに常駐する日本人記者として読み解くことができるならば、それは意義のある仕事になるかもしれない。本書をまとめてみようと思った動機である。

果たして意義あるものにできたかどうかは甚《はなは》だ心許《こころもと》ないが、自分だからこそ書けたと思える部分も多少はある。そのあたりの評価は読者に委ね、座して待ちたい。

最後になったが、本書には私が直接取材した内容だけではなく、共同通信の別の記者が書いた記事の要素もさまざまに盛り込ませてもらったことを付記しておく。とくに長崎支局の井上浩志記者の精力的な取材の成果には大変助けられた。またイタリア在住のジャーナリストで、各国記者の中でも最古参の「バチカニスタ」である宮平宏さん、共同通信ローマ支局助手のエリサベッタ・ズニカさんとダビデ・コメットさん、アテネ通信員の藤塚明美さんにも、それぞれ言葉に言い表せないほど多大な協力をいただいた。

イタリアでは二〇二〇年二月以降、新型コロナウイルスが猛威をふるい、本書校正中に死者数は各国最多の一万人を超えてしまった。終息の兆しすら見えず、バチカンも多くの宗教行事を取りやめた。法王フランシスコは冷たい雨の降る三月二十七日の夜、人影の消えたサンピエトロ広場と大聖堂からパンデミック（世界的大流行）の終息を願う祈りをささげた。本来は、キリスト教徒にとって特別な意味のある復活祭（イースター）とクリスマスにしか出されることのない、ローマと全世界に向けたメッセージ「ウルビ・エト・オルビ」（「都市と世界へ」という意味のラテン語）を出し、この未曾有《みぞう》の危機を共に乗り越えるよう人々を励ました。

エジプト在住中に軍事クーデターが起き、自宅周辺でも銃撃戦が起き始めたときのような緊張感をイタリアでも味わうことになろうとは想像もしていなかったが、こうした新型ウイルスの蔓延《まんえん》がなかったとしても、ローマでの暮らしには一筋縄ではいかない面がある。滞在許可をめぐる当局との煩雑なやり取り、人種差別、近所の騒音、ゴミ問題、交通マナーの悪さと穴ぼこだらけの道路など、例を挙げだしたら切りがない。それでも、いかなる時も人生を楽しもうとする陽気なイタリア人を見習い、異国での生活に付き合ってくれている私の妻と長女、次女にも、この場を借りてお礼を言いたい。いつもありがとう。

今後は、「ローマ法王が代弁する市民の声」だけではなく、私自身が記者として直接拾い集めた小さくても大切な声を、新聞紙面を通して読者の皆さんに、たくさんお届けできればと考えている。最後までお読みいただきありがとうございました。

二〇二〇年三月、ローマにて

津村一史《つむらただし》

付録

長崎・広島・東京での演説［全文］

ローマ法王フランシスコが長崎、広島、東京で行った三つの演説の全文を収載している。バチカンが配布した「参考訳」の日本語版をもとに、法王の母国語であり、その場で実際に話されたスペイン語の内容を加味し、バチカンの実質的な公用語であるイタリア語版と、英語版のテキストも見比べた上で筆者が構成した。

本文中で引用した際の表現とは必ずしもすべて一致していないが、それぞれの流れに沿った表現を採用した結果だとご理解いただきたい。

また参考ながら、バチカンが発表した「公式」英語版テキストも付した。こちらは事前に作成されたものであるため、実際に話された内容と若干の違いがあること、私が作成した日本語版とは必ずしも対語訳の関係にはなっていないことを併せてご了解いただけると幸いである。

核兵器のない世界は可能であり必要不可欠

2019年11月24日、長崎市、爆心地公園

愛する兄弟姉妹の皆さん。

この場所は、私たち人間が過ちを犯し得る存在であるということを、悲しみと恐れとともに意識させてくれます。

近年、浦上天主堂《うらかみてんしゅどう》で見いだされた被爆十字架とマリア像は、被爆なさった方とそのご家族が生身の身体に受けられた筆舌に尽くしがたい苦しみを改めて思い起こさせてくれます。

人の心にある最も深い望みの一つは、平和と安定への望みです。核兵器や大量破壊兵器を保有することは、この望みへの最良の答えではありません。それどころか、この望みを絶えず試練にさらすことになるのです。

私たちの世界は、手に負えない分裂の中にあります。それは、恐怖と相互不信を土台とした偽りの確かさの上に平和と安全を築き、確かなものにしようという解決策です。人と人の関係をむしばみ、相互の対話を阻んでしまうものです。

国際的な平和と安定は、相互破壊への不安や、壊滅の脅威を土台とした、どんな企てとも相いれないものです。むしろ、現在と未来のすべての人類家族が共有する相互尊重と奉仕への協力と連帯という世界的な倫理によってのみ実現可能となります。

ここは、核攻撃が人道上も環境上も破滅的な結末をもたらすことの証人である町です。そして、軍備拡張競争に反対する声は、小さくともつねに上がっています。

軍備拡張競争は、貴重な資源の無駄遣いです。

本来それは人々の全人的発展と自然環境の保全に使われるべきものです。

今日の世界では、何百万という子どもや家族が、人間以下の生活を強いられています。しかし、武器の製造、改良、維持、商いに財が費やされ、築かれ、日ごと武器は、一層破壊的になっています。これらは途方もない継続的なテロ行為です。

核兵器から解放された平和な世界。それは、あらゆる場所で、数え切れないほどの人が熱望していることです。

この理想を実現するには、すべての人の参加が必要です。個人、宗

教団体、市民社会、核兵器保有国も、非保有国も、軍隊も民間も、国際機関もそうです。

核兵器の脅威に対しては、一致団結して応じなくてはなりません。それは、現今の世界を覆う不信の流れを打ち壊す、困難ながらも堅固な構造を土台とした、相互の信頼に基づくものです。

1963年に聖ヨハネ23世教皇は、回勅《かいちょく》「地上の平和（パーチェム・イン・テリス）」で核兵器の禁止を世界に訴えていますが、そこではこう断言してもいます。

「軍備の均衡が平和の条件であるという理解を、真の平和は相互の信頼の上にしか構築できないという原則に置き換える必要があります」

今、拡大しつつある、相互不信の流れを壊さなくてはなりません。相互不信によって、兵器使用を制限する国際的な枠組みが崩壊する危険があるのです。

私たちは、多国間主義の衰退を目の当たりにしています。それは、兵器の技術革新にあってさらに危険なことです。この指摘は、相互の結びつきを特徴とする現今の情勢から見ると的を射ていないように見えるかもしれませんが、あらゆる国の指導者が緊急に注意を払うだけでなく、力を注ぎ込むべき点なのです。

カトリック教会としては、人々と国家間の平和の実現に向けて不退転の決意を固めています。それは、神に対し、そしてこの地上のあらゆる人に対する責務なのです。

核兵器禁止条約を含め、核軍縮と核不拡散に関する主要な国際的法原則にのっとり、飽くことなく、迅速に行動し、訴えていくことでしょう。

日本司教協議会は、核兵器廃絶の呼び掛けを行いました。また、日本の教会では毎年8月に、平和に向けた10日間の平和旬間を行っています。どうか、祈り、一致の促進の飽くなき探求、対話への粘り強い招きが、私たちが信を置く「武器」でありますように。また、平和

を真に保証する、正義と連帯のある世界を築く取り組みを鼓舞するものとなりますように。

核兵器のない世界が可能であり必要不可欠であるという確信をもって、政治をつかさどる指導者の皆さんに求めます。核兵器は、今日の国際的また国家の、安全保障への脅威から私たちを守ってくれるものではない、そう心に刻んでください。

人道的および環境の観点から、核兵器の使用がもたらす壊滅的な破壊を考えなくてはなりません。核の理論によって促される、恐れ、不信、敵意の増幅を止めなければなりません。

今の地球の状態から見ると、その資源がどのように使われるのかを真剣に考察することが必要です。複雑で困難な「持続可能な開発のための2030アジェンダ」の達成、すなわち人類の全人的発展という目的を達成するためにも真剣に考察しなくてはなりません。

1964年に、すでに教皇聖パウロ6世は、防衛費の一部から世界基金を創設し、貧しい人々の援助に充てることを提案しています。

こういったことすべてのために、信頼関係と相互の発展とを確かなものとするための構造を作り上げ、状況に対応できる指導者たちの協力を得ることが、極めて重要です。責務には私たち皆が関わっていますし、全員が必要とされています。

今日、私たちが心を痛めている何百万という人の苦しみに、無関心でいてよい人はいません。傷の痛みに叫ぶ兄弟の声に耳をふさいでよい人はどこにもいません。対話することのできない文化による破滅を前に目を閉ざしてよい人はどこにもいません。

心を改めることができるよう、また、命の文化、許しの文化、兄弟愛の文化が勝利を収めるよう、毎日心を一つにして祈ってくださるようお願いします。共通の目的地を目指す中で、相互の違いを認め保証する兄弟愛です。

ここにおられる皆さんの中には、カトリック信者でない方もおられ

ることでしょう。でも、アッシジの聖フランシスコに由来する平和を求める祈りは、私たち全員の祈りとなると確信しています。

主よ、私をあなたの平和の道具としてください。憎しみがあるところに愛を、いさかいがあるところに許しを、疑いのあるところに信仰を、絶望があるところに希望を、闇に光を、悲しみあるところに喜びをもたらすものとしてください。

記憶にとどめるこの場所、それは私たちをはっとさせ、無関心でいることを許さないだけでなく、神にもっと信頼を寄せるよう促してくれます。また、私たちが真の平和の道具となって働くよう勧めてくれています。過去と同じ過ちを犯さないためにも勧めているのです。

皆さんとご家族、そして全国民が、繁栄と社会の和の恵みを享受できますようお祈りいたします。

JAPAN – Nagasaki

Atomic Bomb Hypocenter Park

Message of the Holy Father on nuclear weapons

Official translation

Dear Brothers and Sisters,

This place makes us deeply aware of the pain and horror that we human beings are capable of inflicting upon one another. The damaged cross and statue of Our Lady recently discovered in the Cathedral of Nagasaki remind us once more of the unspeakable horror suffered in the flesh by the victims of the bombing and their families.

One of the deepest longings of the human heart is for security, peace and stability. The possession of nuclear and other

weapons of mass destruction is not the answer to this desire; indeed they seem always to thwart it. Our world is marked by a perverse dichotomy that tries to defend and ensure stability and peace through a false sense of security sustained by a mentality of fear and mistrust, one that ends up poisoning relationships between peoples and obstructing any form of dialogue.

Peace and international stability are incompatible with attempts to build upon the fear of mutual destruction or the threat of total annihilation. They can be achieved only on the basis of a global ethic of solidarity and cooperation in the service of a future shaped by interdependence and shared responsibility in the whole human family of today and tomorrow.

Here in this city which witnessed the catastrophic humanitarian and environmental consequences of a nuclear attack, our attempts to speak out against the arms race will never be enough. The arms race wastes precious resources that could be better used to benefit the integral development of peoples and to protect the natural environment. In a world where millions of children and families live in inhumane conditions, the money that is squandered and the fortunes made through the manufacture, upgrading, maintenance and sale of ever more destructive weapons, are an affront crying out to heaven.

A world of peace, free from nuclear weapons, is the aspiration of millions of men and women everywhere. To make this ideal a reality calls for involvement on the part of all: individuals, religious communities and civil society, countries that possess nuclear weapons and those that do not, the military and private sectors, and international organizations. Our response

to the threat of nuclear weapons must be joint and concerted, inspired by the arduous yet constant effort to build mutual trust and thus surmount the current climate of distrust. In 1963, Saint John XXIII, writing in his Encyclical Letter *Pacem in Terris*, in addition to urging the prohibition of atomic weapons (cf. No. 112), stated that authentic and lasting international peace cannot rest on a balance of military power, but only upon mutual trust (cf. No. 113).

There is a need to break down the climate of distrust that risks leading to a dismantling of the international arms control framework. We are witnessing an erosion of multilateralism which is all the more serious in light of the growth of new forms of military technology. Such an approach seems highly incongruous in today's context of interconnectedness; it represents a situation that urgently calls for the attention and commitment of all leaders.

For her part, the Catholic Church is irrevocably committed to promoting peace between peoples and nations. This is a duty to which the Church feels bound before God and every man and woman in our world. We must never grow weary of working to support the principal international legal instruments of nuclear disarmament and non-proliferation, including the Treaty on the prohibition of nuclear weapons. Last July, the bishops of Japan launched an appeal for the abolition of nuclear arms, and each August the Church in Japan holds a ten-day prayer meeting for peace. May prayer, tireless work in support of agreements and insistence on dialogue be the most powerful "weapons" in which we put our trust and the inspiration of our efforts to build a world

of justice and solidarity that can offer an authentic assurance of peace.

Convinced as I am that a world without nuclear weapons is possible and necessary, I ask political leaders not to forget that these weapons cannot protect us from current threats to national and international security. We need to ponder the catastrophic impact of their deployment, especially from a humanitarian and environmental standpoint, and reject heightening a climate of fear, mistrust and hostility fomented by nuclear doctrines. The current state of our planet requires a serious reflection on how its resources can be employed in light of the complex and difficult implementation of the 2030 Agenda for Sustainable Development, in order to achieve the goal of an integrated human development. Saint Paul VI suggested as much in 1964, when he proposed the establishment of a Global Fund to assist those most impoverished peoples, drawn partially from military expeditures (cf. *Declaration to Journalists*, 4 December 1964; *Populorum Progressio*, 51).

All of this necessarily calls for the creation of tools for ensuring trust and reciprocal development, and counts on leaders capable of rising to these occasions. It is a task that concerns and challenges every one of us. No one can be indifferent to the pain of millions of men and women whose sufferings trouble our consciences today. No one can turn a deaf ear to the plea of our brothers and sisters in need. No one can turn a blind eye to the ruin caused by a culture incapable of dialogue.

I ask you to join in praying each day for the conversion of hearts and for the triumph of a culture of life, reconciliation and fraternity. A fraternity that can recognize and respect diversity in

the quest for a common destiny.

I know that some here are not Catholics, but I am certain that we can all make our own the prayer for peace attributed to Saint Francis of Assisi:

Lord, make me an instrument of your peace:
where there is hatred, let me sow love;
where there is injury, pardon;
where there is doubt, faith;
where there is despair, hope;
where there is darkness, light;
where there is sadness, joy.

In this striking place of remembrance that stirs us from our indifference, it is all the more meaningful that we turn to God with trust, asking him to teach us to be effective instruments of peace and to make every effort not to repeat the mistakes of the past.

May you and your families, and this entire nation, know the blessings of prosperity and social harmony!

声を発しても耳を貸してもらえない人々の声になりたい

2019年11月24日、広島市、広島平和記念公園

私は言おう、私の兄弟、友のために。「あなたのうちに平和があるように」

哀れみの神、歴史の主よ、この場所から、私たちはあなたに目を向けます。死と命、崩壊と再生、苦しみと慈しみの交差するこの場所か

ら。ここで、大勢の人が、その夢と希望が、一瞬の閃光《せんこう》と炎によって跡形もなく消され、影と沈黙だけが残りました。

一瞬のうちに、すべてが破壊と死というブラックホールにのみ込まれました。その沈黙の淵から、亡き人々のすさまじい叫び声が、今なお聞こえてきます。

さまざまな場所から集まり、それぞれの名を持ち、中には異なる言語を話す人たちもいました。そのすべての人が、同じ運命によってこのおぞましい一瞬で結ばれたのです。その瞬間は、この国の歴史だけでなく人類の顔に永遠に刻まれました。

この場所のすべての犠牲者を記憶にとどめます。また、あの時を生き延びた方々を前に、その強さと誇りに深く敬意を表します。その後の長きにわたり、身体の激しい苦痛と、心の中の生きる力をむしばんでいく死の兆しを忍んで来られたからです。

私は平和の巡礼者として、この場所を訪れなければならないと感じていました。激しい暴力の犠牲となった罪のない人々を思い出し、現代社会の人々の願いと望みを胸にしつつ、静かに祈るためです。

とくに若者たち、平和を望み、平和のために働き、平和のために自らを犠牲にする若者たちの願いと望みです。私は記憶と未来にあふれるこの場所に、貧しい人たちの叫びも携えて参りました。貧しい人々はいつの時代も、憎しみと対立の無防備な犠牲者だからです。

私は謙虚な気持ちで、声を発しても耳を貸してもらえない人々の声になりたいと思います。現代社会が直面する増大した緊張状態を、不安と苦悩を抱えて見つめる人々の声です。

それは、人類の共生を脅かす受け入れがたい不平等と不正義、私たちの共通の家を世話する能力の著しい欠如、また、あたかもそれで未来の平和が保障されるかのように行われる、継続的あるいは突発的な武力行使などに対する声です。

確信をもって改めて申し上げます。戦争のために原子力を使用する

ことは、現代において、犯罪以外の何ものでもありません。人類とその尊厳に反するだけでなく、私たちの共通の家の未来におけるあらゆる可能性に反します。

原子力の戦争目的の使用は、倫理に反します。同様に、2年前にも述べたように、核兵器を保有することも倫理に反します。これについて、私たちは神の裁きを受けることになります。次の世代の人々が、私たちの失態を裁く裁判官として立ち上がるでしょう。平和について話すだけで、諸国間の行動を何一つしなかったと。

戦争のための最新鋭で強力な兵器を製造しながら、平和について話すことなどどうしてできるでしょうか。差別と憎悪の演説という役に立たない行為をいくらかするだけで自らを正当化しながら、どうして平和について話せるでしょうか。

平和は、それが真理を基盤とし、正義に従って実現し、愛によって息づき完成され、自由において形成されないのであれば、単なる発せられる言葉に過ぎなくなると確信しています。

真理と正義をもって平和を築くとは、人間の間には、知識、徳、才能、物質的資力などの差がしばしば著しく存在するのを認めることです。ですから、自分だけの利益を他者に押し付けることは一切正当化できません。その逆に、差の存在を認めることは、強い責任と敬意の源となるのです。

同じく政治共同体は、文化や経済成長といった面ではそれぞれ正当に差を有していても、相互の進歩に対して、すべての人の善益のために働く責務へと招かれています。実際、より正義にかなう安全な社会を築きたいと真に望むならば、武器を手放さなければなりません。武器を手にしたまま愛することはできません。

武力の論理に屈し、対話から遠ざかってしまえば、一層の犠牲者と廃虚を生み出すことが分かっていながら、武力が悪夢をもたらすことを忘れてしまうのです。

武力は膨大な出費を要し、連帯を推し進める企画や有益な作業計画が滞り、民の心理を台なしにします。紛争の正当な解決策であるとして、核戦争の脅威で威嚇《いかく》することに頼り続けながら、どうして平和を提案できるでしょうか。

この底知れぬ苦しみが、決して越えてはならない一線を自覚させてくれますように。真の平和とは、非武装の平和以外にあり得ません。それに平和は単に戦争がないことでもなく、絶えず建設されるべきものです。

それは正義の結果であり、発展の結果、連帯の結果であり、私たちの共通の家の世話の結果、共通善を促進した結果生まれるものなのです。私たちは歴史から学ばなければなりません。

記憶し、共に歩み、守ること。この三つは、倫理的命令です。これらは、まさにここ広島において、より一層強く、普遍的な意味を持ちます。

この三つには、平和となる真の道を切り開く力があります。従って、現在と将来の世代が、ここで起きた出来事を忘れるようなことがあってはなりません。

記憶は、より正義にかない、一層兄弟愛にあふれる将来を築くための、保証であり起爆剤なのです。すべての人の良心を目覚めさせられる、広がる力のある記憶です。

わけても、国々の運命に対し、今、特別な役割を負っている方々の良心に訴えるはずです。これからの世代に向かって、言い続ける助けとなる記憶です。二度と繰り返しません、と。

だからこそ私たちは、ともに歩むよう求められているのです。理解と許しのまなざしで、希望の地平を切り開き、現代の空を覆うおびただしい黒雲の中に、一条の光をもたらすのです。

希望に心を開きましょう。和解と平和の道具となりましょう。それは、私たちが互いを大切にし、運命共同体で結ばれていると知るな

ら、いつでも実現可能です。

現代世界は、グローバル化で結ばれているだけでなく、共通の大地によっても、いつも相互に結ばれています。共通の未来を確実に安全なものとするために、責任を持って闘う偉大な人物となるよう、特定のグループや集団が排他的利益を後回しにすることが、かつてないほど求められています。

神に向かい、すべての善意の人に向かい、一つの願いとして、原爆と核実験とあらゆる紛争の全犠牲者の名によって、声を合わせて心から叫びましょう。戦争はもういらない！　兵器のごう音はもういらない！　こんな苦しみはもういらない！

私たちの時代に、私たちのいるこの世界に、平和が来ますように。神よ、あなたは約束してくださいました。「慈しみと誠は出会い、正義と平和は口づけし、誠は地から萌えいで、正義は天から注がれます」

主よ、急いで来てください。破壊があふれた場所に、今とは違う歴史を描き実現する希望があふれますように。

平和の君である主よ、来てください。私たちをあなたの平和の道具、あなたの平和を響かせるものとしてください！

JAPAN – Hiroshima
Meeting for peace　Peace Memorial
Message of the Holy Father
Official translation

"For love of my brethren and friends, I say: Peace upon you!" (*Ps* 122:8).

God of mercy and Lord of history, to you we lift up our eyes from this place, where death and life have met, loss and rebirth, suffering and compassion.

Here, in an incandescent burst of lightning and fire, so many men and women, so many dreams and hopes, disappeared, leaving behind only shadows and silence. In barely an instant, everything was devoured by a black hole of destruction and death. From that abyss of silence, we continue even today to hear the cries of those who are no longer. They came from different places, had different names, and some spoke different languages. Yet all were united in the same fate, in a terrifying hour that left its mark forever not only on the history of this country, but on the face of humanity.

Here I pay homage to all the victims, and I bow before the strength and dignity of those who, having survived those first moments, for years afterward bore in the flesh immense suffering, and in their spirit seeds of death that drained their vital energy.

I felt a duty to come here as a pilgrim of peace, to stand in silent prayer, to recall the innocent victims of such violence, and to bear in my heart the prayers and yearnings of the men and women of our time, especially the young, who long for peace, who work for peace and who sacrifice themselves for peace. I have come to this place of memory and of hope for the future, bringing with me the cry of the poor who are always the most helpless victims of hatred and conflict.

It is my humble desire to be the voice of the voiceless, who witness with concern and anguish the growing tensions of our own time: the unacceptable inequalities and injustices that

threaten human coexistence, the grave inability to care for our common home, and the constant outbreak of armed conflict, as if these could guarantee a future of peace.

With deep conviction I wish once more to declare that the use of atomic energy for purposes of war is today, more than ever, a crime not only against the dignity of human beings but against any possible future for our common home. The use of atomic energy for purposes of war is immoral. We will be judged on this. Future generations will rise to condemn our failure if we spoke of peace but did not act to bring it about among the peoples of the earth. How can we speak of peace even as we build terrifying new weapons of war? How can we speak about peace even as we justify illegitimate actions by speeches filled with discrimination and hate?

I am convinced that peace is no more than an empty word unless it is founded on truth, built up in justice, animated and perfected by charity, and attained in freedom (cf. SAINT JOHN XXIII, *Pacem in Terris*, 37).

Building peace in truth and justice entails acknowledging that "people frequently differ widely in knowledge, virtue, intelligence and wealth" (ibid., 87), and that this can never justify the attempt to impose our own particular interests upon others. Indeed, those differences call for even greater responsibility and respect. Political communities may legitimately differ from one another in terms of culture or economic development, but all are called to commit themselves to work "for the common cause", for the good of all (ibid., 88).

Indeed, if we really want to build a more just and secure

society, we must let the weapons fall from our hands. “No one can love with offensive weapons in their hands” (SAINT PAUL VI, *United Nations Address*, 4 October 1965, 10). When we yield to the logic of arms and distance ourselves from the practice of dialogue, we forget to our detriment that, even before causing victims and ruination, weapons can create nightmares; “they call for enormous expenses, interrupt projects of solidarity and of useful labour, and warp the outlook of nations” (ibid.). How can we propose peace if we constantly invoke the threat of nuclear war as a legitimate recourse for the resolution of conflicts? May the abyss of pain endured here remind us of boundaries that must never be crossed. A true peace can only be an unarmed peace. For “peace is not merely the absence of war... but must be built up ceaselessly” (*Gaudium et Spes*, 78). It is the fruit of justice, development, solidarity, care for our common home and the promotion of the common good, as we have learned from the lessons of history.

To remember, to journey together, to protect. These are three moral imperatives that here in Hiroshima assume even more powerful and universal significance, and can open a true path to peace. For this reason, we cannot allow present and future generations to lose the memory of what happened here. It is a memory that ensures and encourages the building of a more fair and fraternal future; an expansive memory, capable of awakening the consciences of all men and women, especially those who today play a crucial role in the destiny of the nations; a living memory that helps us say in every generation: never again!

That is why we are called to journey together with a gaze

of understanding and forgiveness, to open the horizon to hope and to bring a ray of light amid the many clouds that today darken the sky. Let us open our hearts to hope, and become instruments of reconciliation and peace. This will always be possible if we are able to protect one another and realize that we are joined by a common destiny. Our world, interconnected not only by globalization but by the very earth we have always shared, demands, today more than ever, that interests exclusive to certain groups or sectors be left to one side, in order to achieve the greatness of those who struggle co-responsibly to ensure a common future.

In a single plea to God and to all men and women of good will, on behalf of all the victims of atomic bombings and experiments, and of all conflicts, let us together cry out: Never again war, never again the clash of arms, never again so much suffering! May peace come in our time and to our world. O God, you have promised us that "mercy and faithfulness have met, justice and peace have embraced; faithfulness shall spring from the earth, and justice look down from heaven" (*Ps* 84:11-12).

Come, Lord, for it is late, and where destruction has abounded, may hope also abound that we can write and achieve a different future. Come, Lord, Prince of Peace! Make us instruments and reflections of your peace!

一人では「復興」できない

2019年11月25日、東京都千代田区、ベルサール半蔵門
東日本大震災被災者との集い

愛する友人の皆さん。皆さんとのこの集いは私の日本訪問中の大切なひとときです。歓迎に感謝します。とくに敏子《としこ》さん、徳雲《とくうん》さん、全《まつ》生《き》さんに感謝します。それぞれのこれまでの歩みを私たちと分かち合ってくれてありがとうございます。

この3人の方、そして皆さんは「三つの大規模災害」、つまり地震、津波、原発事故によって言い表せないほどの本当につらい思いをされたすべての人を代表しています。災害は、岩手県、宮城県、福島県だけでなく、日本全土と全国民に影響を及ぼしました。

自分の言葉と姿で大勢の人が被った悲しみと痛みを、そして、より良い未来に広がる希望を伝えてくれてありがとうございます。

全生さんは自分の証言を終える際に、私に皆さんの祈りに加わってほしいと招いてくださいました。しばらく沈黙の時間を取り、最初の言葉として、1万8000人にも上る亡くなられた方、遺族、いまだ行方の分からない方のために祈りましょう。

私たちを一つにし、希望をもって前を見る勇気を与えてくれる祈りとなりますように。地方自治体、諸団体、人々の尽力にも感謝します。

皆さんは、災害地域の復興に取り組み、また現在も仮設住宅に避難し、自宅に帰ることができずにいる5万以上もの人の境遇改善に努めておられます。とくに感謝したいのは、敏子さんが的確に指摘されたように日本だけでなく世界中の多くの人が災害直後に迅速に動いてくれたことです。祈りと物資や財政援助で被災者を支えてくれました。

そのような行動は、時間がたてばなくなるものや、最初の衝撃が薄

れれば衰えていくものであってはなりません。むしろ、長く継続させなければなりません。

全生さんの指摘について言えば、被災地の住人の中には、今はもう忘れられてしまったと感じている人もいます。汚染された田畑や森林、放射線の長期的な影響など、継続的な問題と向き合わなければいけない人も少なくありません。

この集いが、集まった全員によって、この惨劇に遭った被災者の方々が引き続き多くの必要な助けを得るための、心あるすべての人に訴える呼び掛けとなりますように。

食料、衣服、安全な場所といった必需品がなければ、尊厳ある生活を送ることはできません。生活再建を果たすには最低限必要なものがあり、そのために、地域社会の支援と援助を受ける必要があります。

一人で「復興」できる人はどこにもいません。誰も一人では再出発できません。町の復興を助ける人だけでなく、展望と希望を回復させてくれる友人や兄弟姉妹との出会いが不可欠です。

敏子さんは津波で家を失いましたが、命が助かったことをありがたいと思い、助け合うために団結する人を見て希望を持っていると話してくれました。

「三つの大規模災害」から８年、日本は連帯し、根気強く、粘り強く、不屈さをもって、一致団結できる人々であることを示してきました。完全な復興まで先は長いかもしれません。しかし、助け合い、頼り合うために一致できるこの国の人々の魂をもってすれば必ず果たすことができます。

敏子さんが言われたように、何もしなければ結果はゼロですが、一歩踏み出せば、一歩前に進みます。ですから皆さん、毎日少しずつでも、前に進んでいくよう励まします。連帯と献身に基づく未来を築くための一歩です。誰かのため、皆さんのため、皆さんの子どもや孫のため、そしてこれから生まれてくる次の世代のためです。

徳雲さんは、私たちに影響する別の重要な問題に、どのように答え得るかを尋ねられました。

ご存じのとおり、戦争、難民、食料、経済格差、環境問題は、切り離して判断したり対処したりはできません。今日、問題を強大なネットワークの一部と見なすことなく、個別に扱えると考えるのは大きな間違いです。的確に指摘してくださったように、私たちはこの地球の一部であり、環境の一部です。究極的には、すべてが互いに絡み合っているからです。

思うに最初の一歩は、天然資源の使用に関して、そしてとくに将来のエネルギー源に関して、勇気ある重大な決断をすることです。

無関心と闘う力のある文化をつくっていくために、働き、歩むことです。私たちに最も影響する悪の一つは、無関心の文化です。家族の一人が苦しめば家族全員が共に苦しむという自覚を持てるよう力を合わせることが急務です。

課題と解決を包括的に受け止めることができる帰属という知恵が培われない限り、互いの交わりはかないません。私たちは、互いに切り離せないのです。

この意味で特別に思い起こしたいのが東京電力福島第1原発事故とその余波です。科学的・医学的な懸念に加え、社会構造を回復するという途方もない作業もあります。

地域社会で社会のつながりが再び築かれ、人々がまた安全で安定した生活ができるようにならなければ、福島の事故は完全には解決されません。

これが意味するのは、私の兄弟である日本の司教たちがいみじくも指摘した原子力の継続的な使用に対する懸念であり、司教たちは原発の廃止を求めました。

この時代は、技術の進歩を人類の進歩の尺度にしたいという誘惑を受けています。進歩と発展のこの「技術主義パラダイム」は、人々の

生活と社会の仕組みを形成します。そしてそれは、しばしば私たちの社会のあらゆる領域に影響を与える還元主義につながります。

したがって、このようなときには立ち止まり、振り返ってみることが大切です。私たちは何者なのか、そしてできればより批判的に、どのような者になりたいのかを省みるのが大事なのです。

私たちの後に生まれる人々に、どのような世界を残したいですか。何を遺産としたいですか。お年寄りの知恵と経験が若い人の熱意とやる気とともに、異なるまなざしを培う助けとなってくれます。命という贈り物を畏敬《いけい》の思いで考える助けとなるまなざしです。

さらに、ユニークで、多民族、多文化である人類家族として、私たちの兄弟姉妹との連帯を培うことも助けてくれるのです。

私たちの共通の家の未来について考えるなら、ただ利己的な決断は下せないこと、私たちには未来の世代に対して大きな責任があることに気付かなければなりません。

その意味で私たちは、控えめでつつましい生き方を選択することが求められています。それは、向き合うべき緊急事態に気付く生き方です。

敏子さん、徳雲さん、全生さんは、未来のための新たな道を見つける必要を私たちに思い出させてくれました。一人一人と自然界とを大切にする心に基づく道です。

この道において私たちは皆、神の道具として、被造界（神の創造した世界）を世話するために、おのおの自身の文化や経験、自発性や才能に応じた協力ができるのです。

愛する兄弟姉妹の皆さん。「三つの大規模災害」後の復興と再建の継続的な仕事においては、多くの手と多くの心を、あたかも一つであるかのように一致させなければなりません。

こうして、苦しむ被災者は助けを得て、自分たちが忘れられていないと知るはずです。

多くの人が、実際に、確実に、被災者の痛みを共に担っていること、兄弟として助けるために手を差し伸べ続けると知るでしょう。

改めて、大げさにではなく飾らない姿勢で、被災者の重荷を和らげようと尽くしたすべての皆さんに、賛美と感謝を申し上げます。そのような思いやりが、すべての人が未来に希望と安定と安心を得るための歩むべき道となりますように。

ここに集まっていただいたことに改めて感謝します。私のために祈ってください。神様があなたと、あなたの愛する人すべてに知恵と力と平和という祝福を与えてくださいますように。

JAPAN – Tokyo
Meeting with the victims of Triple Disaster
Bellesalle Hanzomon
Speech of the Holy Father
Official translation

Dear Friends,

This meeting with you today is an important part of my visit to Japan. I thank all of you for your welcome. In a special way, I thank Toshiko, Tokuun and Matsuki, who shared their stories with us. They, and all of you, represent everyone who suffered so greatly as a result of the triple disaster – the earthquake, the tsunami and the nuclear accident – that affected not only the prefectures of Iwate, Miyagi and Fukushima but the whole of Japan and its inhabitants. Thank you for expressing in your words and by your presence the sorrow and pain, but also the hope of a better future, experienced by so many. At the end of

his testimony, Matsuki invited me to join you in prayer. Let us spend a moment in silence, so that our first word will be one of prayer for the more than eighteen thousand people who lost their lives, for their families and for those who are still missing. May this prayer unite us and give us the courage to look forward with hope.

Let us also give thanks for the efforts of the local governments, organizations and individuals working for the reconstruction of the areas where the disasters struck, and for the relief of the over fifty thousand persons who have been evacuated and are living in temporary housing, still unable to return to their homes.

I especially appreciate, as Toshiko pointed out, the speed with which many people, not only from Japan, but from all over the world, mobilized immediately after the disasters to support the victims with an outpouring of prayers and material and financial aid. We should not let this action be lost with the passage of time or disappear after the initial shock; rather, we should continue and sustain it. As Matsuki told us, some of those who lived in the affected areas now feel forgotten by others, and many must face ongoing problems: contaminated land and forests and the long-term effects of radiation.

May this meeting help us to appeal together to all persons of good will, so that the victims of these tragedies will continue to receive much needed assistance.

Without basic resources such as food, clothing and shelter, it is not possible to live a worthy life and have the bare minimum needed to succeed in rebuilding. This, in turn, calls for

experiencing the solidarity and support of a community. No one "rebuilds" by himself or herself; nobody can start over alone. We have to find a friendly and fraternal hand, capable of helping to raise not just a city, but also our horizon and our hope. Toshiko told us that although she lost her home in the tsunami, she is still thankful for being able to appreciate the gift of life, and for the experience of hope that came from seeing people come together to help one another. Eight years after the triple disaster, Japan has shown how a people can unite in solidarity, patience, perseverance and resilience. The path to a full recovery may still be long, but it can always be undertaken if it counts on the spirit of people capable of mobilizing in order to help one another. As Toshiko said, if we do nothing, the result will be zero. But whenever you take one step, you move one step forward. I invite you, then, to move forward each day, little by little, to build a future based on solidarity and commitment to one another, for yourselves, your children and grandchildren, and for the generations to come.

Tokuun asked how we can respond to other major issues we face: wars, refugees, food, economic disparities and environmental challenges. These, as you well know, cannot be understood or treated separately. It is a serious mistake to think that nowadays these issues can be dealt with in isolation, without viewing them as part of a much larger network. He rightly pointed out that we are part of this earth, part of the environment, inasmuch as everything is, in the end, interconnected. Important decisions will have to be made about the use of natural resources, and future energy sources in particular. But the most important

thing, I believe, is to progress in building a culture capable of combating indifference. One of our greatest ills has to do with a culture of indifference. We need to work together to foster awareness that if one member of our family suffers, we all suffer. Real interconnectedness will not come about unless we cultivate the wisdom of togetherness, the only wisdom capable of facing problems (and solutions) in a global way. We are part of one another.

Here, I would like to mention, in a particular way, the accident at the Daiichi Nuclear Power Station in Fukushima and its aftermath. In addition to scientific or medical concerns, there is also the immense challenge of restoring the fabric of society. Until social bonds in local communities are re-established, and people can once more enjoy safe and stable lives, the Fukushima accident will not be fully resolved. In turn, this involves, as my brother bishops in Japan have emphasized, concern about the continuing use of nuclear power; for this reason, they have called for the abolition of nuclear power plants.

Our age is tempted to make technological progress the measure of human progress. This "technocratic paradigm" of progress and development shapes the lives of individuals and the workings of society, and often leads to a reductionism that affects every aspect of human and social life (cf. *Laudato Si'*, 101-114). So it is important at times like this, to pause and reflect upon who we are and, perhaps more critically, who we want to be. What kind of world, what kind of legacy, will we leave to those who will come after us? The wisdom and experience of elders, united to the zeal and enthusiasm of young people, can help to forge a

different vision, one that fosters reverence for the gift of life and solidarity with our brothers and sisters in the one multiethnic and multicultural human family.

As we think about the future of our common home, we need to realize that we cannot make purely selfish decisions, and that we have a great responsibility to future generations. Consequently, we must choose a humble and sober way of life that recognizes the urgent realities we are called to face. Toshiko, Tokuun and Matsuki have each reminded us of the need to find a new path for the future, a path rooted in respect for each person and for the natural world. Along this path, "all of us can cooperate as instruments of God for the care of creation, each according to his or her own culture, experience, involvements and talents" (ibid., 14).

Dear friends, in the ongoing work of recovery and rebuilding after the triple disaster, many hands must join together and many hearts unite as one. In this way, those who are suffering will be supported and know that they have not been forgotten. They will realize that many people actively and effectively share their sorrow and continue to extend a fraternal helping hand. Once again, I thank all those who, in ways large and small, have tried to ease the burdens of the victims. May that compassion be the path that enables all to find hope, stability and security for the future.

Thank you again for being here. Please pray for me. And may God grant to all of you, and to your loved ones, his blessings of wisdom, strength and peace.

写真撮影・提供

バチカン

津村一史

［著者略歴］

共同通信社記者。1979年、鹿児島県に生まれる。東京大学法学部を卒業。2003年、共同通信社に入社し、宮崎支局などを経て本社政治部で鳩山由紀夫、菅直人両首相番を担当する。東日本大震災発生翌日の2011年3月12日、菅首相による東京電力福島第1原発視察に記者としてただ一人同行、全電源喪失が起きた原発で取材を行った。カイロ支局を経て、2015年から本社特別報道室。国際調査報道ジャーナリスト連合（ICIJ）の公式メンバーとしてタックスヘイブン（租税回避地）の実態を暴いたパナマ文書報道に参加。ICIJは2017年のピュリツァー賞を受賞した。同年からローマ支局長。著書に『総理を夢見る男　東国原英夫と地方の反乱』（共著、梧桐書院）、『中東特派員はシリアで何を見たか』（dZERO）がある。

法王《ほうおう》フランシスコの「核《かく》なき世界《せかい》」

記者《きしゃ》の心《こころ》に刺《さ》さったメッセージ

著者　津村一史《つむらただし》

2020年4月22日　第1刷発行

装丁　水戸部功

カバー写真　津村一史

発行者　松戸さち子

発行所　株式会社dZERO

http://www.dze.ro/

千葉県千葉市若葉区都賀1-2-5-301 〒264-0025

TEL: 043-376-7396 FAX: 043-231-7067

Email: info@dze.ro

本文DTP　株式会社トライ

印刷・製本　モリモト印刷株式会社

落丁本・乱丁本は購入書店を明記の上、小社までお送りください。

送料は小社負担にてお取り替えいたします。

価格はカバーに表示しています。

978-4-907623-28-9

dZEROの好評既刊

岡江　晃

統合失調症の責任能力　なぜ罪が軽くなるのか

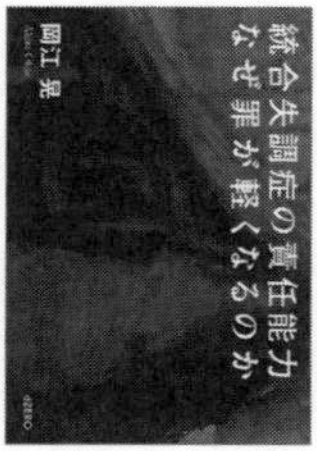

宅間守元死刑囚をはじめ、九十一件の精神鑑定を行ってきた著者が、鑑定事例を引きながら「責任能力のある・なしの境界線」を問う。

本体 1800円

森　達也

クラウド　増殖する悪意

正義を振りかざし、大勢で一人を叩きのめす善良な市民たち。抗うことをやめ、萎縮するメディア。そんな日本の現実に一石を投じる。

本体 1500円

鈴木邦男

歴史に学ぶな

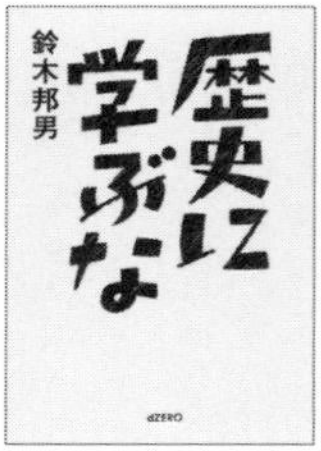

歴史は面白い、しかし危うい。龍馬や信長、土方は果たしてヒーローなのか？　歴史に学ぶ危うさを著者の実体験から語る。

本体 1500円

定価は本体価格です。消費税が別途加算されます。本体価格は変更することがあります。